칸트의 실천이성비판

EBS 오늘 읽는 클래식

칸트의 실천이성비판
나는 어떻게 행동해야 하는가

한국철학사상연구회 기획 | 박정하 지음

서문

　칸트가 세계 철학사에서 차지하는 비중은 아주 크다. 흔히
들 하는 말을 빌리자면 칸트의 철학은 서양 철학사의 중앙에
자리잡은 가장 큰 저수지이다. 칸트 이전의 철학은 모두 칸트
로 흘러들어갔고 칸트 이후의 철학은 모두 칸트로부터 흘러
나왔다고 주장하는 사람도 있다. 약간의 과장이 없다고는 할
수 없지만 부정하기도 힘든 평가이다. 여하튼 칸트가 철학의
전 영역에서 탁월한 업적을 남긴 최초의 '프로' 철학자이며 철
학 사상의 한 시대를 연 위대한 철학자라는 점은 명백한 사실
이다.

　『실천이성비판』은 칸트의 책 중에서도 계몽주의의 완성자
이며 철학적 모더니티(modernity)를 성숙시킨 칸트 철학의 특징
이 잘 드러나 있는 책이다. 구체적으로는 칸트 윤리학의 내용
이 집약된 책이다. 칸트 윤리학은 『윤리형이상학 정초』에서도

제시되고 있으나, 『실천이성비판』은 도덕 철학의 철학적 정당화를 본격적으로 진행한 책이라 할 수 있다.

그런데 우리나라의 경우 학계에서의 연구나 대중의 관심과 지적 호기심도 『순수이성비판』과 칸트의 이론 철학에 필요 이상으로 기울어 있는 것이 사실이다. 나는 일반인을 상대로 철학을 강의하는 (사)철학아카데미에서 칸트의 3비판서를 번역본으로 직접 읽으며 강의해본 적이 있다. 3비판서를 모두 마치는 데에 4년 가까운 시간이 걸렸다. 예상외로 많은 분이 강의에 참여했으며 예상외로 많은 분이 끝까지 남아준 것에 대해 한편으로는 감사한 마음이지만 한편으로는 지금도 의아하게 생각하고 있다. 농담조로 표현하자면 그들의 정체는 무엇이었을까 하고. 그런데 그때에도 3비판서 중 『순수이성비판』이 가장 어렵고 방대한데도 수강생은 『순수이성비판』 때가 가장 많았다. 그만큼 『실천이성비판』은 약간 홀대받고 있다는 느낌을 지울 수 없다.

칸트 본인이 하고자 했던 일, 즉 새로운 형이상학, 요즘 말로 하자면 새로운 철학을 확립하는 일에서 보면, 『순수이성비판』은 예비 작업이자 중간 과정이었다고 할 수 있고 『실천이성비판』이 자신의 새로운 철학을 본격적으로 펼치는 출발점에 해당한다. 여기서 얻은 내용을 디딤돌로 하여 칸트는 자신의 실천 철학을 더 본격적이고 구체적으로 넓혀나갔기 때문이다. 그리고 이후에 미친 철학적 영향이나 현재에 미치고 있는 영향력에서도 『실천이성비판』은 오늘날 보편적으로 인정하는 인간 존엄성에 든든한 토대를 제공하며, 현대의 주요 윤리 이론 중 하나인 의무주의의 원리를 제시하고 있다. 그래서 개인적으로는 일반 독자의 관심이나 지적 호기심이 전보다는 좀 더 『실천이성비판』을 향했으면 하는 마음을 항상 가지고 있다.

물론 약 250년 전, 그것도 문화가 다른 독일에서 나온 철학 책을 오늘날 독자가 잘 이해할 수 있게 설명하는 것이 쉬운 일은 아니다. 하지만 단번에 그러기는 어렵더라도 여러 사람이 자꾸 시도하다 보면 좀 더 쉽게 다가갈 수 있는 책도 언젠가는 나올 것으로 희망하며, 그 희망을 향한 길을 닦는 과정에 이 책이 하나의 보도블럭 역할은 했으면 하는 마음이다. 그래서 나는 여기서 『실천이성비판』의 핵심 개념을 최대한 포괄하고자 노력했으며 칸트가 직접 설명한다는 느낌으로 쓰고자 노력했다. 그러나 여전히 설명이 미진하여 이해하기 어려운 부분이 많은 게 사실이며, 당장 시간을 더 준다 해서 내가 이 문제를 많이 개선할 것 같지는 않기 때문에 일단 책을 내기로 했다.

바라건대 내 공부가 더 깊어져서 칸트의 핵심 생각을 좀 더 쉽고 명료하게 전달할 수 있는 책을 다시 쓰는 날이 조만간 왔으면 좋겠다. 한 걸음 더 나아가 칸트의 철학을 삶의 구체적 맥락에 적용하여 오늘날 우리가 겪는 보편적이면서 생생한 문제에 대한 칸트의 구체적인 조언을 실감나게 전달할 수 있는 책을 쓸 수 있는 날이 오기도 희망해본다.

2023년 겨울
박정하

차례

3장 철학의 이정표

1장

근대의 이성을 완성한 철학자, 칸트

칸트의 생애

    임마누엘 칸트는 1724년 4월 22일 동프로이센의 쾨니히스베르크에서 궁핍한 마구 직공의 아들로 태어나 평생을 거기에서만 살았다. 아버지는 마구 제작자였다. 어머니는 독일 여성으로, 교육은 받지 못했지만 타고난 지성과 인품 때문에 유명했다. 부모 모두 루터교 경건파의 독실한 신자여서 그 영향을 크게 받았다. 8세 때 칸트는 어떤 현명하고 마음씨 좋은 목사의 눈에 띄어 그 목사가 운영하던 경건주의 학교에 들어가게 된다. 라틴어를 가르치던 이 학교에서 8년 반 동안 배웠는

쾨니히스베르크에 있는 칸트의 집. 프리드리히 하인리히 빌스 그림(1842).

데 일생 동안 라틴어 고전을 좋아하게 된 것은 바로 이때의 학교 교육 탓이다.

16세 때인 1740년 쾨니히스베르크대학에 신학생으로 입학했다. 신학 과정을 이수하면서 때때로 설교까지 했지만 주로 흥미를 느낀 것은 수학과 물리학이었다. 합리론 철학을 체계화한 볼프(Christian Wolff, 1679~1754) 철학을 배웠으며 동시에 어떤 젊은 교수의 도움으로 뉴턴(Sir Isaac Newton, 1643~1727)의 저작도 읽기 시작했다. 대학 시절 그는 가정교사를 해야 할 만큼 재정적으로 넉넉하지 못했다. 그래서 학생 활동이나 즐거운 오락거리에는 별로 관심이 없었으며 유일한 취미이자 즐거움은 당구를 치는 것이었다. 그는 친구들과 당구를 열심히 쳤고 재주가 있어서 돈을 따는 경우도 많았다. 졸업 후, 학자의 길을 택하기로 마음먹었지만 1746년 부친이 별세하자 우선 먹고살 방도를 마련해야 했다. 그는 가정교사 일을 구해 9년 동안 했다.

1755년 친구의 도움으로 대학에서 학위를 마치고 대학의 사강사 생활을 시작했다. 15년 동안의 사강사 기간은 강사와 저술가로서 점점 큰 명성을 얻는 시기였다. 이 기간에 그는 과학에 계속 관심을 기울였다. 관심의 수준이 아마추어 이상이었다는 것은 이때부터 몇 해 동안 과학의 여러 분야와 관련된 글을 여럿 썼다는 사실에서 알 수 있다. 강의도 수학과 물리학에서 시작하여 논리학, 형이상학, 도덕철학 같은 철학의 주요 분야는 물론이고 자연지리학에 이르기까지 주제의 범위가 넓었다. 강의 내용은 유머가 넘치고 박진감 있었으며 영국, 프랑스 문학은 물론이고 여행기와 지리학, 과학과 철학 등 광범위한 독서에서 얻은 풍부한 실례를 들었기 때문에 실감 나고 생기 있었다.

칸트는 쾨니히스베르크에서 교수직을 얻는 데 두 번이나 실패했음에도 교수로 오라던 다른 대학들의 제안을 받아들이

칸트와 친구들이 차를 마시며 토론하는 장면.

지 않았다. 베를린대학은 다른 곳에 비해 많은 특권을 주면서까지 시학 교수로 초빙했으나 이것도 거절했다. 그는 고향에서 조용하고 평화롭게 지내면서 자신의 철학을 발전시키고 완성해가기를 더 원했다. 마침내 1770년 칸트는 15년간의 사강사 생활을 마감하고 쾨니히스베르크에서 철학 교수로 임명됐다. 정교수가 되자 그는 11년 동안 거의 글을 발표하지 않으면서 연구에 전념한 끝에 1781년 『순수이성비판』을 발간하고, 그 뒤 9년 동안 위대하고 독창적인 저술을 계속 내놓음으로써 짧은 기간에 철학의 혁명적인 방향 전환을 이루어냈다.

『순수이성비판』은 최소한 10년 동안 생각하고 고민한 결과다. 그런데도 칸트는 출간을 여러 번 연기하면서 망설인 끝에 초판을 발간했다. 자기 이론이 참임을 확신하기는 했지만 적절하게 해명하고 있는지는 확신하지 못했기 때문이다. 이런 걱정은 맞아떨어졌고 그는 많은 경우 독자의 비판이 오해에 기반하고 있다는 사실을 발견하고는 불만스러워했다. 자신에 대한 잘못된 해석을 바로잡기 위해『순수이성비판』의 핵심을 요약한『형이상학 서론(Prolegomena)』(1783)을 썼고, 1787년에는『순수이성비판』초판을 개정하여 재판을 발간했다.『순수이성비판』의 진정한 의도는 철학을 올바르고 확실한 길에 올려놓으려는 것이었다. 그는 이 뜻을 마저 이루기 위해 1785년『윤리형이상학 정초』, 1788년『실천이성비판』에서는 진정한 도덕의 체계를 제시하려고 했다. 그리고 여기서 확립한 원리를 사회에 적용하여 1797년의『윤리형이상학』에서는 법과 정치와 같은 사회 철학적인 문제들을 본격적으로 다룬다. 1790년에는『판단력 비판』을 통해 미의 문제와 자연의 목적론을 다루면서 비판철학의 체계를 완결한다.

이렇게 체계를 잡은 칸트의 비판철학은 곧 독일 말을 쓰는 모든 중요한 대학에서 강의되었고 많은 젊은이가 쾨니히스베르크를 새로운 철학의 성지로 여기고 몰려들었다. 그들은 칸

쾨니히스베르크대학의 300주년을 기념하는 그림(1844).
칸트와 헤르바르트가 영예의 자리에 올랐다.

트에게서 온갖 문제의 답을 얻으려고 했다. 이런 존경을 받으
면서도 칸트는 자신의 규칙적인 습관을 어긴 적이 없는 엄격
한 생활을 유지했다. 160센티미터도 채 되지 않는 키에 기형적
인 가슴을 가진 칸트는 몸이 약했기 때문에 평생 엄격한 식생

활을 통해 건강을 유지했다. 오늘날 '철학자의 산책로'라 불리는 거리를 규칙적으로 산책했기 때문에 사람들이 그의 산책을 기준으로 시간을 맞췄다는 일화는 유명하다. 노령으로 산책이 힘들어질 때까지, 루소(Jean-Jacques Rousseau, 1712~1778)의『에밀』을 읽는 데 열중하느라 며칠 집에서 나오지 않은 때를 빼고는 한 번도 규칙적인 산책을 거른 적이 없다는 일화는 칸트가 엄격하게 자기를 관리한 프로 철학자였다는 것을 알 수 있게 해준다.

칸트는 두 번이나 대학 총장을 역임했고, 1787년에는 자기 집을 소유할 만큼 안정된 생활을 얻었다. 그러나 이미 결혼하기 힘든 나이로 들어서다 보니 평생 독신으로 살았다. 1793년『이성의 한계 내에서의 종교』를 출간하면서 칸트는 프로이센 당국과 종교적 믿음을 표현할 권리를 둘러싼 논쟁에 휘말려 들기도 했다. 이 책에서 지나치게 합리주의적인 태도로 종교에 접근한 것이 정통 종교에서 문제가 되어 종교적 주제에 대한 강의나 저술 활동을 한동안 금지당하기도 했다. 그러나 72세에 대학에서 은퇴한 후에도, 학문에 대한 열정에 변함이 없었다. 만년에 시력과 기억력을 잃어 쓸쓸한 날을 보내다 80세에 서거했다. 임종 시 그는 "좋군(Es ist gut)"이라는 말을 남겼다고 전한다. 그의 묘비에는『실천이성비판』의 결론에 나오는 다음과 같은 글귀가 새겨져 있다. "내 위의 별이 빛나는 하늘과 내 안의 도덕 법칙."

칸트의 비판철학은 대륙의 합리론과 영국의 경험론을 비판하여, 오랫동안 계속된 근대 철학의 논쟁과 대립을 종합함으로써 근대 자연과학의 철학적 기초를 밝혔다. 그리고 유럽 사상계는 칸트의 출현으로 일대 혁명기를 맞아 피히테, 셸링, 헤겔에 이르는 독일 관념론을 낳았고 이후 신칸트학파를 거쳐 현대에 이르도록 철학사에 막대한 영향을 끼쳤다.

근대 이성의 완성자

　칸트는 근대 계몽주의의 완성자라 평가받는 철학자이다. 근대의 가장 중요한 특징 중 하나는 각 개인을 주체로 확립했다는 점이다. 흔히 중세의 신중심주의에서 근대의 인간중심주의로 넘어왔다고 말하는데 틀린 말은 아니다. 그런데 이때 '인간'은 개인을 가리킨다는 점이 중요하다. 서양 고대, 특히 그리스의 사상도 인간중심주의라 할 수 있다. 여기서 인간은 사회에서 독립된, 사회 이전에 더 근원적으로 존재하는 개인이 아니라 사회에 의해서 비로소 자기 정체성을 부여받는 공동체적

인간이다. 폴리스라는 도시국가 안에서 사회적 역할과 지위를 부여받음으로써만 개인은 개인으로서의 의미를 갖고 충족적인 삶을 유지할 수 있다. 폴리스에서는 좋은 인간이기 이전에 좋은 시민으로 존재하는 것이 중요하다. 그래서 흔히 '정치적 동물', 혹은 '사회적 동물'로 번역하는 아리스토텔레스(Aristotle, BC 384~ BC 322)의 유명한 명제는 정확한 의미를 따지자면 '인간은 폴리스적 동물이다'라는 뜻이다.

그러나 근대의 인간은 이러한 공동체적 인간, 즉 공동체 속에서 의미와 정체성을 부여받는 인간이 아니다. 오히려 개인으로서 원자적 인간이 먼저 있고, 사회는 개인들의 자유로운 계약에 의해 성립된다. 사회에 의미를 부여하는 것은 바로 개인이다. '사회 계약론'이라 부르는 근대의 주류 사회철학 이론이 이런 생각을 대변한다.

그렇다면 개인이 주체가 된다는 것은 무슨 의미인가? 근대 주체의 모습을 칸트는 「계몽이란 무엇인가에 대한 답변」이라는 글에서 잘 보여주고 있다.

계몽이란 우리가 스스로 책임져야 할 미성년의 상태로부터 벗어나는 것을 말한다. 미성년의 상태란 다른 사람의 지도 없이는 자신의 이성을 사용할 수 없는 상태를 일컫는다. 이런 미성년 상태의 원인이 [신체적이거나 환경적인 요인 등으로 인하여] 이성의 결핍 자체에 있을 경우에는 물론 그렇지 않겠지만, 다른 사람의 지도 없이도 스스로 자신의 이성을 사용하고자 하는 결단과 용기의 결핍에 있을 경우에는 그에 대한 책임을 마땅히 스스로 져야 하는 것이다. 그러므로 계몽의 표어로 우리는 이렇게 주장할 수 있다. 즉 '과감하고 지혜롭고자 하라! 너 자신의 이성을 사용할 용기를 가져라!'라고.(칸트, 「계몽이란 무엇인가에 대한 답변」, 『칸트의 역사철학』)

이처럼 어떤 권위나 힘의 강제도 받지 않고 스스로 자신의 이성을 사용하는 것이 바로 자율적인 근대 주체의 모습이다. 결국 주체를 주체이게끔 하는 실질적 내용은 바로 이성인 것이다. 자신의 이성을 스스로 사용할 수 있을 때 주체가 될 수 있지만 그렇지 못하면 주체 역할을 할 수 없다. 따라서 각 개인을 주체로 확립했다는 것은 각 개인이 바로 이렇게 자율적으로 이성을 사용할 능력을 가진 존재임을 확립했다는 의미이다.

우리가 데카르트(René Descartes, 1596~1650)를 근대성(modernity)의 아버지로 평가하는 이유가 바로 인간이면 누구나 이성을 가지고 있고 이를 스스로 사용할 능력이 있다고 보았기 때문

근대성의 아버지라고 평가받는 프랑스 철학자 르네 데카르트의 초상.

이다. 데카르트는 『방법서설』이란 책의 본문을 다음과 같은 구
절로 시작한다.

양식(良識, good sense)은 세상에서 가장 공평하게 분배되어 있
는 것이다. 누구나 그것을 충분히 지니고 있다고 생각하므로,
다른 모든 일에 있어서는 만족할 줄 모르는 사람들도 자기가
가진 것 이상으로 양식을 가지고 싶어 하지는 않으니 말이다.

이 점에 대해 모든 사람이 잘못 생각하고 있다고 볼 수는 없다. 오히려 이것은 잘 판단하고, 참된 것을 거짓된 것으로부터 가려내는 능력, 바로 양식 혹은 이성이라 일컬어지는 것이 모든 사람에게 나면서부터 평등함을 보여주는 것이다.(데카르트, 『방법서설』, 제1부)

이 대목이 바로 주체의 확립을 선언하는 부분으로 해석될 수 있다. 인간이면 누구나 양식을 가지고 이를 기초로 사고할 수 있다는 것, 이 사실은 오늘날에는 너무도 당연시되고 있다. 우리는 오늘날 '상식(common sense)'이라는 말을 자주 쓴다. 상식은 인간이면 누구나 가지고 있는 양식을 가리키는 개념이다. 이 개념은 지금이야 너무 일상적이지만 근대 전체를 떠받드는 중요한 토대 중 하나였다. 중세까지는 인간이면 누구나 양식이 있다고 생각하지 않았다. 중세 신분제를 정당화하는 토대 중 하나가 인간은 날 때부터 능력이 다르기 때문에 다르게 대우받아야 한다는 생각이다. 봉건 귀족 계급은 이성을 갖추고 양식을 타고난 계급이기에 지적인 활동을 할 수 있고 올바른 판단력을 갖추고 있다. 그러나 농노 계급은 이성을 갖추지 못한, 따라서 양식을 갖추지 못한 계급이기에 배워도 소용없고, 봉건 귀족의 지도와 지배를 받아야 하는 계급으로 규정된다. 이처

Immanuel Kant.

근대 이성의 완성자 임마누엘 칸트.

럼 양식 여부에 따라서 신분을 나누던 시대의 끝자락에서 데카르트는 혁명적 선언을 한 것이다. "인간이면 누구나 다 양식을 갖추고 있다"라고. 이는 중세 신분제에 대해 마지막 진혼곡을 울리는 선언으로 해석될 수 있기에 그를 근대의 아버지라 평가한다. 칸트는 이렇게 시작된 근대적 이성의 모습을 완성한 사람이라 할 수 있다.

칸트는 근대적 이성의 핵심 기능을 비판 기능이라고 보았다. 계몽주의가 등장하는 근대 초는 칸트의 표현을 빌리자면 '비판의 시대'였다.

> 현대는 진정한 의미에서 비판의 시대이며, 모든 것은 이런 비판에 부쳐져야 한다. 종교는 그 신성함을 내세우고 입법은 그 위엄을 내세워서 보통 비판을 면하려고 한다. 그러나 그러한 경우에 이들은 자신들에 대한 응분의 의혹을 불러일으키게 되어 순전한 존경을 요구할 수 없게 되는 것이다. 이성이 이 순전한 존경심을 바치는 것은 오직 이성의 공명정대한 검토를 견디어낼 때뿐이다.(칸트, 『순수이성비판』, 머리말)

비판적 이성은 한편으로는 권위와 힘이 지배하던 시대에서 기존 권위에 의해 진리로 강변되는 것들을 하나하나 검토하여 무엇이 옳은 것인지를 따지는 이론적 활동으로, 다른 한편으로 인간의 존엄성이 절대적으로 인정받는 사회를 만들어가려는 실천적 활동으로 나타나게 된다. 이러한 이성을 확립하고 정당화했기 때문에 칸트는 근대 이성의 완성자로 인정받고 있다.

이론 이성과 실천 이성: 이성은 둘인가 하나인가?

칸트가 쓴 책 중 가장 유명한 것은 보통 '3비판서'라 부르는 『순수이성비판』『실천이성비판』『판단력 비판』이다. 책 제목에 모두 붙어 있는 '비판'이란 말이 바로 이성의 주된 능력이 비판임을 잘 보여주고 있다. 그런데 여기에 '순수 이성'과 '실천 이성', 이렇게 두 개의 이성이 등장해서 칸트가 이성을 왜 둘로 나눈 것인지 궁금해진다. 둘은 다른 것인지 같은 것인지, 같다면 왜 이름을 달리 쓰는지 등이 궁금해진다. 결론적으로 말해 두 이성은 같은 것이다. 그렇다면 왜 이름을 둘로 나누어 달리 부를까? 하나의 이성이 서로 다른 관심과 영역에서 사용되면서 역할이 달라지기 때문에 다른 이름으로 부르는 것이다.

역할이 어떻게 달라질까? 이성은 이론적으로 사용될 수도 있고 실천적으로 사용될 수도 있다. 이미 존재하는 대상을 파악하고 세계에 대한 앎을 얻고자 하는 이론의 영역에서 이성을 사용할 때, 앎을 얻기 전에 경험에 앞서 우리에게 이미 주어져 있어서 이 앎을 가능하게 하는 어떤 원리, 즉 '선험적 원리'를 이성이 제공해준다. 반면에 실천의 영역에서 이성을 사용할 때 우리는 행위의 궁극 목적을 이루기 위해 노력한다. 그래서 이성은 우리의 의지를 규정하는 것을 목적으로 삼는다. 의지란 무엇일까? 앎이 이미 있는 것을 아는 활동이라면 의지는 아직 없는 무엇인가를 원하는 능력이며, 원하는 것을 얻도록 행위하는 능력이다. 결국 실천 이성은 우리의 의지가 삶의 궁극적 목적, 예를 들면 선과 같은 것을 추구하도록 규정하는 능력이다. 달리 말해 이성을 실천적으로 사용한다는 것은 우리 의지가 선만을 추구하도록 이성을 통해 규제하고 인도하는 것을 말한다.

이처럼 하나의 이성이 한편으로는 우리 앎의 가장 근본적 틀과 원리를 제공해주고, 다른 한편으로는 우리 의지가 선을 추구하도록 규정해주는 전혀 다른 두 역할을 하기 때문에, 이런 이성의 두 기능을 서로 다른 방식으로 탐구할 수밖에 없다. 이 중 첫째 과제를 『순수이성비판』에서 탐구했고, 『실천이성비판』에서는 둘째 과제를 탐구한 것이다.

『순수이성비판』에서 칸트는 이전의 철학을 반성하고, 나아가 새롭게 움트는 과학에 대한 신뢰를 기초로 지식(앎)이 무엇인가를 탐구하여 새로운 철학의 기초를 확립하고자 했다. 중세 철학의 중심에 있었던 형이상학은 크게 일반 형이상학과 특수 형이상학으로 나뉜다. 일반 형이상학은 사물을 탐구하되 개별 사물의 특성을 중시하는 것이 아니라 사물을 단지 있는 것으로만 탐구하는 것, 즉 있는 것의 있음, 존재 방식 자체를 탐구하는 것이다. 특수 형이상학은 있는 것 중에서 특별한 것, 즉 자연 세계를 넘어서 있는 것, 예를 들면 영혼이나 신이나 세계를 탐구하는 학문이다. 특히 이전의 형이상학에서 이러한 특수한 대상에 대한 지식은 근거도 제대로 검토되지 않은 채 독단적으로 인정된 것이 대부분이었다. 그래서 칸트는 이전 형이상학의 지식을 비판하고 새로운 형이상학을 추구하기 위해 지식의 조건, 의미 있는 앎의 조건 자체를 반성해보고자 했다.

형이상학은 인간으로서는 피할 수 없는 것이다. 주어진 경험 세계에 만족하지 않고 그 근거를 찾고 캐묻는 것이 우리의 본성이기 때문이다. 그러다 보면 영혼, 세계, 신 같은 문제에 부딪힐 수밖에 없다. 이러한 문제를 탐구하는 형이상학을 중세에는 최고의 학문으로 칭송했지만 근대에 와서는 혼란이 발생했다. 정반대의 주장이 제기되어도 어느 것이 진리인지 확인할 방법이 없고, 그러다 보니 근거 없이 공론만 일삼게 되고 급기야 우리가 과연 참된 지식을 얻을 수 있는가에 대한 회의도 만만찮게 제기되었다. 감각 경험을 기초로 하여 형이상학을 다시 확립해보려 했던 로크(John Locke, 1632~1704)의 노력이 단기간 희망을 보이기도 했다. 그러나 감각 경험에 기초하면 이전 형이상학이 공허하고 문제가 많다는 것을 비판하기에는 상당 부분 효과적이지만 새로운 형이상학을 기초 짓기에는 역부족이라는 것이 드러났다. 그래서 칸트는 『순수이성비판』에서, 신이 존재하는지 존재하지 않는지, 세계는 시간적·공간적으로 유한인지 무한인지 같은 형이상학의 주장들의 진위를 따지기 이전에, 과연 그러한 문제가 우리 인간이 대답할 수 있는 문제인지, 그런 문제에 대해 의미 있는 이론적 앎과 지식이 성립할 수 있는지를 먼저 검토해보려고 했다. 왜냐하면 우리가 이론적으로 본래 대답할 수 없는 것임에도 대답을 찾고자 했던 것인지도 모르기 때문이다. 그리하여 형이상학의 문제를 탐구하는 우리의 사고 능력, 즉 '이성'을 검토하여 이성의 한계가 어디까지인지 확인해보려고 했다. 이런 의미에서 『순수이성비판』은 형이상학을 튼튼하게 성립시킬 수 있는 주춧돌을 마련하기 위해 우리의 인식 능력, 앎의 능력, 다시 말해 이성의 이론적 능력 자체를 비판해본 작업이었다.

그런데 이성을 비판적으로 검토하기 위해서는 형이상학의 문제와 관련 짓기 이전에 이론적 지식 일반에 접근하여 참된 지식이 어떤 것이며 그런 지식의 조건이 무엇인지를 살펴보아야 했다. 그래야만 이를 기준으로 이전 형이상학의 지식을 평가해보고 새로운 형이상학이 나아갈 방향을 정할 수 있기 때문이다. 그래서 칸트는 참된 지식의 모델로 과학적 지식을 선택했다. 과학적 지식은 이성이 작용하여 얻어진 결과이고 이성이 일구어낸 재산 목록이기 때문이다. 그리고 참된 지식으로서의 과학적 지식의 성격을 한마디로 '선험적 종합판단'이라고 표현했다.

'선험적(a priori)'이라는 것은 개개인의 특수한 경험에 앞서 있다는 말이다. 개개인의 특수한 경험은 다 다르고 우연적이다. 사람마다 다르고 그때그때 다른 지식이 참된 지식이 되기는 어렵다. 그러므로 이런 한계를 뛰어넘어 누구에게나 항상 변함없이 같으려면, 즉 보편타당하며 필연적일 수 있으려면 선험적이어야 한다. '종합판단'이라는 것은 새로운 정보를 주는 판단을 말한다. 예를 들면 '이 총각은 남자다'라고 해보

자. 이 주장은 새로운 정보를 주지 않아 공허하다. 총각이란 말에는 이미 남자라는 것이 포함되어 있어서 굳이 이렇게 말하지 않아도 총각임을 알면 남자라는 것은 당연히 알고 있기 때문이다. 이런 판단을 '분석판단'이라고 한다. 주어인 '총각'을 분석하면 '남자'라는 술어가 이미 포함되어 있기 때문이다. 반면 '이 총각은 똑똑하다'는 주장을 보자. 이 경우에는 '총각'이라는 주어 속에 '똑똑하다'라는 술어가 포함되어 있지 않다. 즉 총각이라고 해서 항상 똑똑하다는 보장은 없다. 실제로 이 총각이 똑똑한지 아닌지 확인해보아야 한다. 따라서 이 주장은 '이 총각'에 대해서 새로운 정보를 알려주는 주장인데, 이런 주장이 바로 '종합판단'이다. 주어에 새로운 정보를 종합해(덧붙여)준다는 의미로 붙인 이름이다.

칸트가 보기에 참된 지식의 모델인 과학적 지식은 전형적인 선험적 종합판단이다. 예를 들어 '지구가 태양을 돈다'라는 주장을 보자. 이것은 사람에 따라, 시대와 장소에 따라 달라지지 않는 보편타당하고 필연적인 주장이다. 거기다가 경험적으로 확인할 수 있는 주장이기 때문에 지구에 대한 의미 있는 정보를 담고 있는 주장이다. 그래서 칸트는 참된 지식의 모델인 '선험적 종합판단이 어떻게 가능한가?' 하는 질문을 던지고 이에 대한 대답을 찾는 과정에서 참된 지식의 조건을 찾고자 했다. 물론 이런 조건이 확인되면 그 조건을 기초로 새로운 형이상학을 확립하고자 한 것이 궁극 목적이었다.

선험적 종합판단의 조건에 대한 탐구 과정에서 칸트는 우리의 앎과 지식이 경험에서 비롯되는 것이기는 하지만 경험만으로 성립되지 않음을 밝혔다. 간략히 말하면 우선 앎이 성립하기 위해서는 시각이든지 촉각이든지 밖으로부터 자극하는 것과 그것을 받아들이는 작용이 있어야 한다. 즉 사물 자체가 감성을 자극해야 한다. 그러나 우리는 무언가를 감각할 때 그 내용이 무엇이건 주어지는 것을 공간적으로 서로 곁하여, 시간적으로 서로 잇달아 받아들인다. 그래서 시간과 공간은 우리의 감각을 산출하는 감성의 틀, 감성의 형식이다. 그리고 그것은 경험에 앞서 우리에게 갖추어져 있는 선험적 형식이다. 그런데 주어진 자극으로부터 성립된 감각 자료는 아직 자료일 따름이고 정리가 된 상태가 아니기 때문에 무엇을 인식한 것인지 정확하지 않다. 이런 감각 자료를 결합하여 '무엇'이라고 분명하게 정립하는 것은 바로 이성, 구체적으로는 지성의 작용이다. 그리고 이 작용은 범주라는 선험적 개념을 통해 이루어진다. 예를 들면 우리는 대상의 수를 헤아릴 때 하나 아니면 여럿이라고 인식한다. 혹은 여럿이면서 하나, 즉 전체라고 인식한다. 어떤 감각이 들어오건 어떤 내용에 대해서건 하나 아니면 여럿 혹은 전체라는 세 가지 방식 외에 다른 방식으로 사물의 수를 헤아릴 수 없다. 왜냐하면 우리가 대상의 수를 헤아릴 때는 이 세 가지 방식 중 하나만 사용할 수 있기 때문이다. 이때 하나, 여럿, 전체라는 것은 경험에 앞서서 가지고 있는 선험적 개념이며 이것이 바로 범주이다. 이런 범주가 지성의 형식, 틀로 작용하여 감성 속에 들어온 아직 혼란스러운 감각 자료를 여러 각도에서 정리하여 '그것이 무엇이다'라는 앎이 성립한다. 칸트는 주어진 감각에서 그것이 어떤 대상인지 정해주는 범주가 모두 12개임을 『순수이성비판』에서 밝혔다.

중요한 것은 범주의 개수보다는 참된 지식이 성립하기 위해서는 경험만으로는 부족하고 우리 이성의 선험적 요소가 투입되어야 한다는 점이다. 앞서 말했듯이 참된 지식은 보편타당하고 필연적이어야 한다. 그런데 경험만으로는 이런 지식이 나올 수 없다. 우리는 경험에서 귀납적 방법을 통해 일반적 지식을 얻는다. 그러나 귀납은 확률이 높은 지식을 얻을 수 있지만 100퍼센트 참된 지식을 확보하지는 못한다. 따라서 이미 우리가 확보한 참된 지식인 과학적 지식은 경험만으로 성립된 것이 아니다. 경험에 주어지지 않은 이성의 선험적 요소, 선험적 원리가 참된 지식의 성립에 한 요소로서 작용한 것이다. 이성의 선험적 원리는 이성 자체가 보편적이다 보니 인간이면 누

임마누엘 칸트의 초상과 그의 저서 『실천이성비판』 1788년판 표지.

구나 보편적으로 갖는다. 결국 참된 지식의 모델인 과학적 지식은 감각 경험과 이성의 선험적 원리가 합쳐져서 성립된 합작품이다. 경험과 이성, 이 둘이 모두 참된 지식의 토대인 것이다. 따라서 이 둘 중 하나만 내세웠던 경험론과 합리론은 한 측면만 보았기에 모두 오류를 범한 것이다.

　칸트는 이론적 인식이 성립하기 위해서는 감각이 먼저 필요하며 여기에 이성의 선험적 원리가 능동적으로 적용되어야 한다는 것을 밝혔다. 이에 따를 때 이전 형이상학의 주된 탐구 대상이었던 영혼, 세계, 신은 이론적 지식의 대상이 아니다. 이들은 감각 세계를 초월해 있는 것이라서 그에 대한 감각 경험은 불가능하기 때문이다. 그렇다면 이들은 폐기해야 할 것인가? 칸트는 이런 대상들이 이론적으로는 의미 없는 것이지만 실천적으로는 의미 있고 중요한 것이라고 생각하며 그 의미를 이성의 실천적 사용을 통해 밝히려고 했다. 『실천이성비판』은 바로 이성의 실천적 사용에 접근함으로써 어떻게 실천 이성이 의지를 규정하여 우리가 의무를 지키게 할 수 있는지를 설명하고자 한다. 달리 말해 실천 이성이 어떻게 우리를 도덕적 존재가 되게 하여 자기에게 불리하더라도 지킬 것은 무조건 지키게 하는지를 설명하는 것이다.

『실천이성비판』의 과제와 성격

　　윤리학의 역사에서 보면 칸트는 도덕 혹은 윤리성의 새로운 기초를 마련함으로써 실천 철학을 변혁한 이론가로 종종 평가된다. 윤리성의 원천을 자연이나 공동체의 질서, 행복에의 희구, 신의 의지 혹은 도덕적 감정 등에서 찾던 것이 칸트 이전의 전통적 시도들이라면, 칸트는 『실천이성비판』에서 이러한 방식으로는 윤리성의 객관적 타당성이 주장될 수 없음을 보여주려고 했다. 이론의 영역에서처럼 실천의 영역에서도 객관성은 주체 자신을 통해서만 가능함을 보여줌으로써 근대 철학의 핵심 명제인 '주체의 확립'을 철학적으로 논증한다. 그런 점에서 이 책은 계몽주의의 완성자로서의 칸트의 면모를 여실히 보여준다. 도덕의 원천은 자율(Autonomie), 즉 의지의 자기 입법성에 있다. 자율은 자유(Freiheit)를 의미한다. 그러므로 근대를 이해하는 단서가 되는 핵심 개념인 자유는 칸트에 의해서 철학적 토대를 얻으며 그 점에서 『실천이성비판』은 바로 근대 철학의 기초를 닦은 저작으로 평가된다.

칸트는 저 유명한 '코페르니쿠스적 전환'을 통해 이론적으로는 인간을 세계의 중심에 위치시켰다. 이는 물리적인 의미에서가 아니라, 인식 주체로서의 인간이 갖는 선험적인 규정 작용에 의해 대상 세계가 인간 사유의 보편적인 형식에 의존하기 때문이다. 칸트는 실천적으로도 세계 속에서의 인간의 도덕적 위치에 대한 문제를 제기했다. 세계는 보편적인 인과율에 따르는 순수하게 기계적인 체계이다. 그러나 인간은 자신 속에서 도덕적 의도 및 목적들로 구성된 또 하나의 이성적 체계를 발견한다. 이런 내적인 체계를 통해 인간은 자연을 초월하는 힘을 가지며 또한 자연을 자신의 의지에 복종시킨다. 자연은 기계론적 법칙을 따르며 그 자체로는 목적론적인 의미가 없다. 오직 인간의 이성과 실천만이 목적을 부여한다. 인간은 자신 속에서 자연을 인식할 수 있는 지성만이 아니라, 스스로 부여하는 목적이 자연 속에서 실현되기를 요구하고 세계가 그 목적에 따라 변혁되기를 요구하는 도덕적 이성을 발견한다. 이러한 도덕적, 또는 목적론적 이성이 바로 의지의 원리이다. 세계의 목적은 세계 자체를 넘어서 있는 무엇이며, 성취되어야만 하는 무엇이다. 그리고 세계를 변혁하는 힘은 실천 이성으로 작용하는 인간의 의지이다. 『실천이성비판』은 바로 이 도덕적 의지에 대한 체계적인 접근을 수행한다.

『실천이성비판』의 칸트에게 근본적인 문제는 실천의 주체인 인간이 주관적으로 세운 준칙이 어떤 경우에 객관적인 법칙이 될 수 있는가 하는 문제이다. 이는 마치 이론 철학에서 범주와 같은 주관의 순수 지성 개념이 왜 한갓 주관적이지 않고 객관적 실재성, 객관적 타당성을 가지는가 하는 것이 중요한 문제였던 것과 같은 맥락이다. 달리 말해 한갓 주관적인 규칙이 어떻게 객관적인 법칙이 될 수 있는가는 이론 철학과 실천 철학을 통틀어 중요한 문제이며, 그 점에서 칸트는 관념론자라 할 수 있다. 그런데 실천 영역에서의 철학적 탐구가 『실천이성비판』에서는 크게 보면 두 단계에 걸쳐 진행된다. 첫째 단계는 우리는 자유로운 존재이며, 이에 기반하여 도덕 법칙에 의해서만 의지를 규정할 수 있음을 확인하여 정언 명령(kategorischer Imperativ)을 확립하는 작업이다. 둘째 단계는 첫째 단계의 결과를 바탕으로 도덕적 의지의 전체적 대상을 규정하는 작업, 즉 도덕 행위(=실천)의 결과로서 실현되어야 할 목적을 제시하는 작업이다. 칸트가 둘째 단계에서 제시하는 실천이성의 전체적·무제약적 대상은 바로 최고선(das höchste Gut)이다. 그리고 이 최고선을 확보할 필수적 전제로서 영혼의 불멸성, 신의 현존 같은 요청을 끄집어냄으로써 이성 신앙으로 넘어간다.

이러한 『실천이성비판』의 작업은 결국 칸트 철학 체계 전체에서 보자면 칸트 철학의 중요한 특징인 '두 세계론' 중 당위의 세계, 도덕의 세계의 전모를 파헤치는 작업이다. 칸트 철학의 두 세계론은 존재의 세계와 당위의 세계를 엄격히 나누는 것이다. 존재의 세계, 즉 '이미 있는 것'은 우리 인식의 대상으로서 과학의 영역에 속한다. 그러나 당위의 세계, 즉 '아직 없지만 있어야 할 것'은 우리 행위의 대상으로서 도덕의 세계에 속한다. 안다는 것은 이미 있는 것을 아는 것이지 아직 없는 것을 알 수는 없기 때문에 과학의 영역은 이미 있는 것의 세계, 즉 현상계로 제한된다. 이미 있는 세계, 즉 자연은 결정론적인 인과 법칙이 지배하기 때문에 보편적이고 필연적인 인식이 가능하며, 과학이 성립한다. 그러나 인간의 삶 중에는 과학의 영역, 사실의 영역에 국한되지 않는 또 하나의 풍부하고 오히려 더 중요한 영역이 있는데, 그것이 바로 행위의 영역, 도덕의 영역, 가치의 영역이다. 칸트가 오히려 더 중요하게 생각한 것은 바로 이 영역이다. 『순수이성비판』이란 저작에서 칸트가 한 작업은 좁게 보자면 현상 세계로서의 자연에 관한 보편적이고 필연적인 지식이 성립 가능함을 밝힌 것이고, 더 구체적으로는 뉴턴의 자연과학이 참될 수밖에 없는 근거를 밝힌 것이다. 그러나 넓게 보자면 사실은 과학이 의미 있게 성립될 수 있는 영역을 명확히 밝혀서 과학의 한계를 분명히 설정하고, 과학의 틀 속에 들어올 수는 없지만 사실은 인간에게서 더 중요한 문제를 올바로 다룰 수 있는 올바른 철학이 필요함을 주장했던 것이다. 바로 그러한 올바른 철학, 즉 '진정한 형이상학'의 중요한 내용이 『실천이성비판』에서 제시되고 있다. 이 점에서 볼 때 『실천이성비판』은 칸트의 철학적 탐구 과정에서 중요한 의미를 지닌다.

자연철학적인 관심이 강했던 이전의 탐구 작업들은 1781년 『순수이성비판』에서 일단락된다. 그러다가 1784년 「계몽이란 무엇인가에 대한 답변」을 필두로 1786년까지 한편으로는 역사철학적인 단편들이 집중적으로 발표되며, 다른 한편으로는 1785년 『윤리형이상학 정초』를 거쳐서 1788년 『실천이성비판』이 완성된다. 그리고 1790년 『판단력 비판』이 출간된다.

이런 저술의 흐름은 물론 칸트 자신이 이미 세워놓았던 계획과 관련이 있겠지만, 1789년 프랑스 혁명과의 연관성을 무시할 수 없다. 1781년까지 이론 철학을 일단 완료한 칸트는 이후로 프랑스 혁명 전야인 1780년대 전반에 걸쳐서 자유와 목적론의 문제를 다룬다. 도덕철학을 통해 당위의 영역을 원리적으로 정당화하면서, 엄밀한 학문적 탐구는 아니지만 역사의 영역에서 당위로서 설정될 역사의 방향을 목적론적으로 제시하는 1780년대의 칸트의 주된 작업은 프랑스 혁명과 무관한 것으로 볼 수는 없다. 결국 인과 개념이 1781년까지의 칸트의 이론 철학적 작업의 초점이 되는 문제라면, 자유와 목적론의 문제는 1780년대 이후 칸트의 실천 철학에서 초점이 되는 문제이다. 프랑스 혁명 이후인 1790년 이후의 저작들이 주로 정치 철학과 종교 철학 쪽에 무게를 두고 있다는 사실은 이러한 추측을 뒷받침해준다. 이러한 관점에 의할 때, 『실천이성비판』에서 칸트가 다루는 자유와 도덕 법칙의 문제는 이론 철학 후 진행될 실천 철학의 원리적 토대를 닦는 중요한 작업이라고 할 수 있다.

이미 있는 것과 있어야 할 것을 엄격히 나누고 둘이 서로 관계 맺을 수 없는 것이라고 규정한 칸트의 입장에 대한 가장 유명한 비판자는 바로 헤겔(Georg Wilhelm Friedrich Hegel, 1770~1831)이다. 헤겔은 존재와 당위가, 즉 지금 있는 것과 있

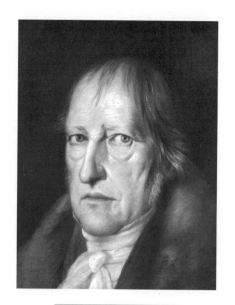

독일 관념론 철학자 게오르크 헤겔.

어야 할 것이 전혀 다른 세계에 있는 것이 아니라고 칸트를 비
판했다. 현실은 항상 변화 속에 있으므로 지금 있는 것은 동시
에 있어야 할 것이었으며, 지금 있어야 할 것은 반드시 있게 될
것이라고 보아 이른바 두 세계에 대한 변증법적인 입장을 제
시한다. "이성적인 것이 현실적인 것이고, 현실적인 것이 이성
적인 것이다"라는 유명한 헤겔 명제의 의미심장함 속에는 존

재와 당위의 구분을 거부하는 주장도 포함되어 있다. 그러나 이런 역사적 과정에도 불구하고 칸트와 헤겔은 양립하는 경쟁 가능한 두 모델로 정착되어 있으며 『실천이성비판』은 칸트 모델의 핵심을 논쟁적으로 보여주는 저작인 셈이다.

『실천이성비판』에서 보여주는 칸트 윤리학은 실제로 철학사에서 하나의 모델로서 다양한 영향을 미쳤다. 예를 들면 신칸트학파를 통해 심지어 사회주의 내부의 논쟁에까지 영향을 미쳤다. 마르부르크학파의 헤르만 코헨(Hermann Cohen, 1842~1918)을 대표로 하는 이른바 '윤리적 사회주의'를 주장하는 사람들은 마르크스주의와 사회주의를 구분하여, 칸트야말로 사회주의의 진정한 창시자라고 주장한다. 인간을 항상 목적으로 대우하고 수단으로 대우하지 말라는 칸트의 정언 명령이야말로 노동자의 노동력을 상품화하지 말라는 의미를 담고 있는 것으로서 사회주의의 핵심적인 본질을 이룬다는 것이다. 그들은 마르크스(Karl Marx, 1818~1883)의 역사 과학이 참이라서 사회주의가 반드시 이루어진다고 해도, 그 사실이 사회주의가 바람직하고 선한 체제이기에 우리가 사회주의를 지지해야 한다는 결론을 필연적으로 끌어내지는 않는다는 점을 최초로 강하게 주장한 사람이다. 따라서 그들은 사회주의를 지지하는 가치 판단을 내리기 위해서는, 곧 사회주의자가 되기 위해서는 역사적 유물론 외에 다른 근거가 필요한데, 칸트 철학이 바로 그 근거를 제공해준다는 것이다. 따라서 사회주의는 극단적으로 표현하면 역사적 유물론 없이 칸트 윤리학에만 근거해서도 성립된다는 것이다. 이와는 달리 카를 포어랜더(Karl Vorländer, 1860~1928)로 대표되는 독일의 신칸트주의적 마르크스주의자는 칸트의 도덕철학을 과학적 사회주의가 흡수해야 한다고 주장했다. 마르크스주의 이론이 사회 변혁 의식을 고취하려고 한다면, 추구해야할 목표로 사회주의를 대중에게 제시할 수 있어야 하는데, 목적론적인 관점을 배격하는 마르크스주의는 사회주의를 목적으로 정당화하기는 어렵다. 따라서 칸트주의를 보완물로 삼아야 한다는 것이다.

『실천이성비판』에서 제시되는 칸트의 윤리학은 오늘날에도 단순히 역사적 가치가 있는 정도에 그치지 않고 주류 윤리학의 논의에서도 중요한 모델로 평가받고 있다. 칸트는 도덕적 규범의 정당화에 관한 중요한 대화 상대자로 대접받는다. 그것도 아주 매력적인 상대자이다. 그 이유는 무엇일까? 우선 칸트 윤리학은 현대의 규범 윤리학이 갖추고자 하는 최소 조건들을 만족시키고 있다. 칸트는 윤리학에서 상대주의, 회의주의, 독단주의에 반대하는 입장을 취하고 있다. 또한 칸트는 도덕적 판단과 도덕적 행위는 개인적 감정이나 자의적 결정에 관한 문제가 아니며, 또한 사회적 문화와 유산, 생활양식, 혹은 관습의 문제도 아니라는 사실을 분명히 한다. 칸트는 도덕의 원리를 설정하고 이를 근거로 윤리 문제에 접근해가고자 한다. 그리고 윤리학의 영역에서 현대의 논의를 지배하는 공리주의 이론에 대해 자율과 정언 명법을 내세우면서 도덕 원리에 대한 대안적 접근을 구체적으로 보여준다. 따라서『실천이성비판』은 철학사에서 역사적인 가치만을 가지는 것이 아니라 오늘날 이론적 현실에서 실질적으로 대면해야 할 살아 있는 저작이라고 평가할 수 있다.

현대의 윤리 삼국지 1: 공리주의

『실천이성비판』을 통해서 칸트는 윤리학에서 의무주의의 대변자가 되었다. 의무주의는 공리주의, 덕 윤리와 함께 오늘날 윤리 문제에 접근하는 세 입장 중 하나의 자리를 차지하고 있다. 과연 이 세 윤리 이론은 어떤 특징을 가지는지 하나씩 간략히 살펴보면 『실천이성비판』에서의 칸트의 주장이 갖는 의미를 이해하는 데에 도움이 될 것이다.

결과주의와 의무주의

어떤 행위가 그 자체로 옳거나 그를 수 있을까? 예를 들어 항상 참말은 옳고 거짓말은 그른 것일까? 항상 남을 돕는 것은 옳고 도둑질은 나쁠까? 이 문제에 대해서는 서로 달리 답하는 두 입장이 있다. 하나는 결과주의이고 하나는 의무주의이다.

결과주의는 행위의 도덕성이 전적으로 그 행위가 초래하는 결과에 달렸다고 본다. 어떠한 행위도 그 자체로서 옳거나 그른 것은 없으며, 행위의 옳고 그름은 오직 결과에 의해서만 판단할 수 있다는 것이다. 옳은 행위는 결국 최선의 결과를 가져오는 행위이다. 거짓말도 좋은 결과를 가져올 수 있다면 정당화되고, 거지에게 자선을 베푸는 것도 그 사람의 독립심을 약하게 하여 계속 거지로 머물게 만든다면 그른 행위가 된다. 보통 원하는 결과를 얻기 위해 행위를 선택한다는 점을 고려하면 결과주의는 목적(결과)이 수단(행위)을 정당화할 수 있음을 인정하는 셈이다.

반면 의무주의는 행위를 결과만으로 평가하는 것은 잘못이며, 결과에 상관없이 의무를 지고, 존중해야 할 권리는 존중해야 한다고 주장한다. 마땅히 지켜야 할 의무를 따르는 행위는 옳은 행위이고 이를 어기는 행위는 그른 행위라는 것이다. 의무를 어길 때 더 좋은 결과를 가져올 수 있더라도 이를 어겨서는 안 된다. 예를 들어 참말하기가 우리의 의무이므로 어떤 거짓말이 사람을 살리거나 아무리 좋은 결과를 가져오더라도 그것으로 거짓말이 정당화될 수는 없다는 것이다. 결국 의무주의에 따르면 목적이 수단을 결코 정당화할 수 없다.

자신이 의사라고 가정해보자. 어떤 환자를 진단해보니 말기 암이다. 6개월을 넘기기 어려운 상황이다. 이제 환자에게 죽음이 가까웠다고 솔직히 말해야 할까, 아니면 거짓말해야 할까? 솔직히 말하면 환자는 오늘부터 절망에 빠져 암울한 시간을 보낼 가능성이 크고, 문제 없다고 거짓말하면 평소 생활을 유지하며 상당 기간은 행복하게 보낼 가능성이 클 것이다. 결과주의자는 환자에게 좋은 결과를 주는 쪽을 선택하기 위해 거짓말이 옳다고 할 것이다. 의무주의자는 결과에 상관없이 참말하는 것이 도덕적 의무이므로 환자를 속이지 않고 솔직히 말할 것이다.

쾌락이 핵심이다: 벤담과 밀의 이중주

공리주의는 바로 결과주의를 대표하는 이론이다. 공리주의는 18~19세기 시민혁명 시대에 산업혁명과 더불어 자본주의가 확립되는 과정에서 새롭게 노출된 사회문제를 해결하고자 등장했다. 사유재산제가 확립되면서 내 것을 중시하고 내 것에 골몰하는 행태가 늘어나고 사회 문제가 심각해지자, 개인의 이익과 공익의 갈등을 해소하고자 했다. 그래서 사적 이익에 빠져 있지 않고 이를 넘어서 공적 이익을 추구하는 것을 도덕적 이상으로 제시한다. 또한 인간이 주체로서 새롭게 부각된 근대를 배경으로 하여 신이 아닌 인간이 최대한 많은 행복을 누리게 하는 것이 도덕의 핵심이라는 생각도 영향을 미쳤다.

공리주의를 확립시킨 사람은 벤담(Jeremy Bentham, 1748~1832)이다. 그에 따르면 옳은 행위는 공리(유용성)를 극대화하는 행위이다. 이때 공리란 쾌락을 가져오고 고통을 막는 것 전부를 가리킨다. 인간은 쾌락을 누리고 고통에서 해방될 때 행복해지므로 모두 쾌락을 추구하고 고통은 피하고자 노력한다. 즉 공리를 추구한다. 덕 있는 행위를 하면 행복을 얻을 수 있다고 했던 그리스 철학자들이나 신의 명령에 복종하면 행복을 얻을 수 있다고 했던 중세 기독교인들과 비교해보면 벤담이 전혀 다른 관점을 제시했음을 알 수 있다. 그는 자연이 인류를 고통과 쾌락이라는 두 주권자의 지배 아래에 두었다고 보았다. 그래서 오직 고통과 쾌락만이 우리가 무엇을 할 것인가뿐 아니라 무엇을 해야 할 것인가를 지적해준다고 주장하면서 일상적 생활에서 느끼는 쾌락과 고통의 감각을 윤리의 근거로 삼았다. 이런 면에서 벤담은 쾌락주의자이다. 그래서 벤담은 일반적으로 쾌락주의와는 반대로 쾌락을 악과 연결하고 고통을 선과 연결하는 금욕주의를 비판한다. 금욕주의자는 세속적 금욕주의자와 종교적 금욕주의자로 나눌 수 있는데 둘 다 실제로는 쾌락주의를 전제한다는 것이다. 세속적 금욕주의자는 돈이나 육체적 쾌락에 대해서는 금욕적 태도를 보이지만 명예욕은 강한 경우가 많다고 비판한다. 종교적 금욕주의자도 현세의 행복을 추구하지는 않지만 내세의 행복을 추구한다는 점에서 쾌락주의자의 한 유형일 뿐이라고 비판한다.

벤담이 도덕과 입법의 원리로 제시한 '최대 다수의 최대 행복'이라는 공리주의의 원리도 이런 쾌락주의 행복관에 기초한 것이다. 사회는 개인들의 집합체이기 때문에 가능한 한 많은 사람에게 가능한 한 많은 행복을 줄 때 법이나 정책이 정당화된다는 생각이다. 이 원리는 구체적으로 어떻게 적용될까? 어떤 정책으로 인해 초래될 사회 전체가 누릴 쾌락의 양과 겪을 고통의 양을 비교해서, 쾌락에서 고통을 뺀 나머지가 더 클수록 그 정책은 바람직한 것이 된다. 그리고 쾌락과 고통은 질적 차이가 없어서 양적으로 측정 가능하며 실제로 계산할 수 있

공리주의 철학자 제러미 벤담.

다고 보았다. 정책의 경우, 그 정책이 가져올 쾌락과 고통을 계
산할 수 있기 때문에 선택 가능한 정책 중에서 어떤 것이 최대
다수의 최대 행복을 가져오는 정책인지 실제로 판단할 수 있
다고 본 것이다.

　이에 대해 벤담의 쾌락주의는 인간을 쾌락만을 추구하는
돼지와 다를 바 없는 존재로 보는 셈이기 때문에 공리주의는

인간의 존엄성을 인정하지 않는 '돼지의 철학'이라는 비판이 제기된다. 벤담을 이어받은 밀(John Stuart Mill, 1806~1873)은 돼지의 쾌락과 인간의 쾌락은 질적으로 다른 것이므로 공리주의가 돼지와 인간을 같은 존재로 보는 것은 아니라고 반박한다. 배부른 돼지가 되기보다는 배고픈 인간이 되는 편이 낫고, 만족한 바보가 되기보다는 불만족한 소크라테스가 되는 편이 낫다는 그의 주장은, 인간이 돼지의 쾌락 같은 동물적 욕망을 충족하는 데 머무르지 않고 더 고급의 쾌락을 추구한다는 점을 역설한 것이다. 쾌락을 양적 차원에서만 접근한 벤담의 문제점을 해결하기 위해 밀은 쾌락의 질적 차원에 주목하여 고급 쾌락과 저급 쾌락을 나누었다. 그리고 비교 대상이 되는 쾌락들을 경험해본 사람들 모두가 더 선호하는 것이 고급 쾌락이라고 주장함으로써 공리만으로 그 구분이 가능하다고 보았다.

공리주의에 대한 비판

공리주의의 주장은 많은 논쟁과 비판을 초래했다. 가장 중요한 것은 공리주의가 소수자를 억압하면서 희생양을 만들어내는 행위를 정당화할 수 있다는 비판이다. 만일 인종적, 종교적 차별이 존재하는 사회가 그렇지 않은 사회에 비해 사회의 전체 쾌락 총량에서 전체 고통 총량을 뺀 나머지가 더 클 경우, 그 차별은 정당화될 수 있다. 또 개인의 권리를 무시하여 희생양으로 만들더라도 그 개인이 받는 고통보다 다른 사회 구성원 전체가 얻는 쾌락이 더 클 경우 이 행위도 정당화된다. 예를 들어 교실의 학업 분위기를 유지한다는 명분으로 가벼운 잘못을 저지른 학생을 과도하게 처벌하여 퇴학시키는 것도 공리주의에 의해 정당화될 가능성이 있다. 사회적으로는 자본주의 발전 과정에서 특정 계층을 희생양으로 삼아 무리한 성장 위주 정책을 펼쳤던 몇몇 나라들이 공통적으로 제시했던 정당화 논리가 사회 전체의 부와 행복을 증대시키기 위해서는 불가피하다는 공리주의 논리였다. 밀은 이런 문제를 의식하여 장기적 관점에서 보면 차별을 없애고 개인의 권리를 존중하는 것이 사회 전체의 공리를 높이는 방법이기 때문에 공리주의는 개인의 권리가 침해되는 것은 절대로 용인하지 않는다고 반박했다. 그러나 공리주의 원리만으로는 이런 주장을 하기 어렵기 때문에 결국 밀은 공리주의를 정당화하기 위해 쾌락이나 공리를 넘어서서 권리의 토대가 되는 인격이나 개성이라는 도덕적 이상을 도입할 수밖에 없었다는 비판이 다시 제기된다. 공리주의를 살리기 위해 공리주의의 원리를 포기하는 모순에 빠진 것이다.

또 다른 비판은 쾌락과 고통의 측정과 계산에 관계된 것이다. 세 가지 방향에서 반론이 나온다. 첫째, 누가 언제 측정하고 계산해야 할지 애매하다. 쾌락과 고통을 느끼는 당사자가 과연 그 양을 객관적으로 측정할 수 있을까? 객관적으로는 약한 고통도 나는 강하게 느끼지 않을까? 그렇다고 과연 나의 고통을 느끼지 못하는 제3의 측정자가 내 고통을 정확하게 측정할 수 있을까? 나아가 언제 측정해야 하는지도 문제이다. 행위의 결과 및 그에 대한 전체적인 판정은 상황이 끝나서 결과가다 나온 다음에 가능한데, 실제로 그렇게 상황이 끝나는 것이 가능한가 하는 의문이 생긴다. 많은 일들이 계속 이어지고 있으므로 어디까지를 끊어서 상황이 끝났다고 할 것인지 애매하기 때문이다.

둘째, 저급 쾌락과 고급 쾌락을 어떻게 구분할 것인지가 문제이다. 밀은 사람들 모두가 더 선호하는 것이 고급 쾌락이라고 함으로써 쾌락과 공리만으로 구분 가능하다고 했다. 그러나 밀의 주장과는 달리 스스로 고급 쾌락이라 여기는 것과 실제로 선호하는 것이 다른 경우를 흔히 볼 수 있다. 많은 경우 사람들은 예술 영화가 상업 영화보다 더 고급임을 인정하면서도 실제로는 상업 영화를 더 즐긴다. 결국 사람들의 선호만으로는 고급 쾌락과 저급 쾌락을 나눌 수 없다는 반론이 성립한다.

셋째, 쾌락의 양만 고려하고, 또 양을 측정할 수 있다고 해도 문제가 남는다. 이 질문에 모두 답해보자. "만일 네가 평생 아플 고통을 다 모아 2초 동안 강하게 아프고 평생 고통 없이 살겠는가 아니면 평생 아플 고통을 똑같은 양으로 나누어 평소에 약한 고통을 계속 느끼며 살겠는가?" 다시 말해 평생 겪을 같은 양의 고통을 강하고 짧게 경험하겠는가 아니면 약하고 길게 경험하겠는가를 묻는 질문이다. 만일 고통의 양만 중요하다면 이것은 의미 없는 질문이 된다. 어느 쪽이건 같은 양의 고통을 느끼기 때문이다. 하지만 실제로 같은 의미를 가질까? 답을 선택할 수 있다면, 양만 고려하더라도 단순히 총합만 의미 있는 것이 아니라 그 양이 분배되고 배열되는 방식도 중요한데 공리주의는 이를 고려하지 않는다는 비판이 성립한다.

공리주의의 의의

이러한 비판에도 불구하고 공리주의는 여전히 의미 있는 주장이다. 왜 그럴까? 우선 공리주의가 소수나 개인의 권리를 억압할 가능성이 있는 것은 사실이지만 다수결 원리에 비하면 한 걸음 더 진보한 관점이기 때문이다. 다수결의 원리는 다수가 선호하는 쪽으로 결정하기 때문에 소수는 항상 소외된다. 반면 공리주의는 선호하는 사람의 수(최대 다수)만이 아니라 선호하는 정도(최대 행복)까지 고려한다. 그래서 소수자의 욕구가 강할 경우에는 일방적으로 소수를 배제할 때보다 소수를 적절히 고려할 때 더 많은 행복을 산출할 수 있기 때문에 소수를 고려하는 쪽으로 갈 가능성이 커진다. 그러므로 소수에 대한 배제가 생긴다 하더라도 다수결 원리가 적용된 경우보다는 더 약해질 수 있다.

공리주의가 갖는 더 큰 의미는 개인의 특수한 이해관계를 넘어서서 사회 전체의 공공 이익을 고려한다는 점이다. 공리주의를 이기주의와 혼동하는 경우가 많은데 그 이유는 두 입장이 모두 행위 주체의 이익 여부를 따져서 선악을 판정하기 때문일 것이다. 그러나 공리주의와 이기주의는 각각 공익과 사익을 목적으로 한다는 점에서 확연히 구분된다. 이기주의는 자기 자신의 쾌락과 행복만을 추구한다. 이와 달리 자기가 속한 집단이나 공동체의 쾌락과 행복만을 추구하게 되면 온갖 차별주의에 빠지게 된다. 학연, 지연을 따지거나 여성을 차별하는 행위는 이러한 차별주의의 사례이다. 그러나 공리주의는 모든 사람의 쾌락과 행복을 동등하게 보고 사회 전체의 행복을 추구한다는 점에서 공익을 추구하는 근대적 윤리 이론이다. 나아가

공리주의 철학자 존 스튜어트 밀.(1870년경)

행복의 주체, 즉 윤리의 주체를 쾌락과 고통을 느낄 수 있는 존재자 전체로 확장하여 동물의 존엄성도 인정할 수 있는 토대를 제공한 셈이 되어 최근 벤담은 동물해방론의 선구자로 평가되기도 한다.

공리주의의 정신은 밀이 쓴 다음 구절에서 잘 드러난다.

공리주의의 도덕성은 다른 사람들의 선을 위해서라면, 자신의 최대 선까지도 희생할 수 있는 힘이 인간에게 있음을 인정한다. 공리주의는 다만 희생 그 자체를 선으로 인정하지는 않을 따름이다. 행복의 총량을 증대시키지 않는 희생이나 증대시키려는 경향을 갖지 않는 희생은 무용지물(無用之物)로 보는 것이다. 공리주의가 인정하는 자기 포기는 단 하나뿐인데, 다른 사람들의 행복이나 행복의 수단인 어떤 것에 대한 헌신뿐이다. 이때 다른 사람들이란 인류 전체를 지칭하는 것이든, 인류 전체 이익의 범위 내에 있는 개인이든 모두 무방하다.

공리주의를 공격하는 사람들이 좀처럼 인정하려 들지 않으려는 것을 나는 여기서 다시 한번 말해두어야겠다. 그것은 공리주의가 행위자 자신의 행복이 아니라 관계된 모든 사람의 행복을 정당한 행위의 기준으로 삼고 있다는 점이다. 행위자 자신의 행복과 다른 사람들의 행복 사이에서 선택해야 할 때, 공리주의는 행위자에게 전혀 이해관계가 없고 자비로운 제3자처럼 엄정 중립을 지켜야 한다는 점을 요구한다. 나사렛 그리스도의 황금률 가운데서 우리는 공리주의 윤리의 완전한 정신을 찾아낸다. 스스로 해주기를 바라는 것을 다른 사람에게 베풀고, 이웃을 너 자신처럼 사랑하라는 것은 공리주의 도덕의 이상(理想)을 나타내는 극치이다.(존 스튜어트 밀, 『공리주의』 제2장)

현대의 윤리 삼국지 2: 덕 윤리

등장 배경

덕 윤리는 아리스토텔레스에서 비롯된 윤리로서 우리가 살펴본 근대의 지배적 윤리 사상인 의무주의 및 공리주의 둘 다와 대비된다. 의무주의는 무조건적 정언명령을 도덕 법칙으로 내세우고 공리주의는 최대 다수의 최대 행복을 원칙으로 내세운다는 점에서 차이가 있지만, 모두 '어떤 행위를 해야 하는가?'를 주요 문제로 보고 이에 대해 답한다는 점에서는 마찬가지이다. 그러나 아리스토텔레스에서 시작되는 덕 윤리는 행위보다는 행위자를 중심에 놓는다. '어떤 사람이 되어야 하는가?'라는 질문을 핵심 질문이라 생각한다. 어떤 인간이 되어야 하며 어떤 삶을 살아야 할지를 중요하게 생각하는 것이다. 그래서 아리스토텔레스는 행위가 따라야 할 규칙을 제시하는 대신에 인간에게 행복을 줄 수 있는 성품과 성향을 모아서 덕의 목록을 제시했다. 예를 들어 용기나 절제와 같은 것이 바로 인간이 갖추어야 할 성품으로서 덕이라 할 수 있다. 일상적 삶은 복잡하고 다양한 상황에 부딪치게 되는데 그때마다 그에 맞는 규칙들을 일일이 다 제시하기는 어렵다. 그렇기 때문에 규칙을 통해 행동을 제약하기보다는 덕을 갖춘 사람이 되면 어떤 상황에서건 덕 있게 행위하여 도덕적 인간이 될 수 있다고 본 것이다.

오늘날 공리주의와 의무주의, 그리고 덕 윤리가 도덕 문제에 접근하는 대표적 세 입장이라 할 수 있다. 이들은 '왜 도덕적이어야 하는가?'에 대하여 서로 다른 관점을 갖는 것으로 볼 수 있다. 공리주의는 공공의 복리와 안녕을 위해서라고 답하고, 의무주의는 도덕적 행위가 그 자체로 가치를 갖기 때문이라고 답한다. 이에 비해 덕 윤리는 더 복합적인 답을 제시한다. 덕 있는 행위는 구체적 결과를 낳기 위한 수단이 아니기 때문

덕 윤리를 처음 시작한 아리스토텔레스.

에 그 자체로 가치가 있기도 하지만, 행복한 삶이라는 최종 목적을 위해 본질적으로 중요한 수단도 되기 때문에 꼭 필요하다는 입장이다.

　의무주의와 공리주의는 모두 근대에 와서 등장한 이론이다. 근대에 와서 덕 윤리가 약화되고 의무나 원칙을 내세우는 윤리가 강해진 이유는 무엇일까? 우선 덕 윤리는 인간이 추구할 선이 무엇인지 전제하고 덕은 그러한 선을 성취하는 데 없어서는 안 될 유용한 성품이라고 본다. 그리스의 폴리스처럼 규모가 크지 않은 공동체에서는 덕과 선에 대해 합의가 가능했다. 그리고 규모가 크더라도 국가가 힘이 강하던 공동체에서는 특정한 선을 추구하도록 개인에게 강요할 수 있었다. 그러나 시민혁명 이후 한편으로는 공동체의 규모가 커지고 한편으로는 개인의 힘이 커지면서 그러한 선이 무엇인가를 분명하게 합의하거나 특정한 선을 국가가 강요하는 것이 어렵게 되었기 때문에 덕은 근대의 윤리 사상에서 중심적 위치를 차지하지 못하게 되었다. 나아가 전통이 무너지고 규모가 커지면서 사람들이 모두 동의하는 규범을 찾기 어려운 상황이 되었는데 이에 대해 최소한의 규범을 통해 질서를 확보해줄 도덕이 필요했고, 이를 위해 보편적 의무나 원칙을 중요하게 여기게 되었다.

그러나 현대의 덕 윤리학자들은 다시금 문제를 제기한다. 개인의 권리를 중시하며 자기가 지향할 인간상과 추구할 삶의 방식을 선택할 자유를 강조했던 근대의 자유주의 윤리가 이제 위기에 처했다고 판단하기 때문이다. 현대인은 서로 다른 가치관들이 화해하기 힘들 정도로 대립하는 윤리적 상대주의에 빠져 있고 이로 인해 현대 사회는 분열된 사회가 되었다는 것이다. 이를 극복하기 위해 덕 윤리학자들은 아리스토텔레스 전통의 덕 윤리를 새롭게 부활시켜서 윤리적 패러다임을 근본적으로 변화시키고자 한다.

덕의 중요성

우리에게 왜 덕이 필요할까? 덕 윤리는 크게 두 가지 이유를 제시한다. 우선 덕은 도덕적으로 행위할 수 있는 힘을 제공한다. 인간은 이성과 욕망, 선과 악의 갈등 속에 있으므로 언제나 선한 행동을 할 수는 없으며 욕망과 악의 유혹에 넘어가는 경우들이 자주 생긴다. 때로는 무엇이 올바른 것이고 의무인지를 알면서도 나약한 의지 때문에 갖가지 유혹에 굴복하거나 게으름으로 인해 행동으로 옮기지 못하는 경우가 많다. 이때 덕은 감정을 통제하고 인도하는 역할을 한다. 오랜 반복적 실천을 통해 덕 있는 행위를 습관화하면 이런 상황에서도 도덕적으로 행위할 수 있게 된다. 결국 각종 유혹에도 견딜 수 있는 지속적 성향이나 성품으로서 덕을 습득하는 일은 도덕적 삶을 위한 기본 조건이라 할 수 있다.

나아가 덕은 행복한 삶을 살도록 해준다. 덕은 감정을 자제하게 할 뿐 아니라 저절로 유혹을 이겨내게 함으로써 진정한 행복을 이루게 해주는 것이다. 도덕 원칙이나 규칙을 수동적으로 마지못해 준수하거나 또한 도덕적 의무를 단지 의무이기 때문에, 혹은 의무감에 못 이겨 이행한다면 도덕적으로 살면서도 행복을 느끼지는 못할 것이다. 예를 들어 약자를 위해 기부금을 내면서도 마지못해 억지로 낸다면 아무리 기부를 많이 하더라도 행복을 얻지는 못할 것이다. 그러나 도덕적 행위를 마지못해 행하는 것이 아니라 자발적으로 기꺼이 행할 수 있다면, 도덕적 삶이 곧바로 인간적으로 행복한 삶과 일치할 수 있을 것이다. 덕은 도덕적으로 행위하는 성품을 길러줌으로써 도덕적 삶에서 행복을 성취할 수 있게 도와준다는 것이 덕 윤리학자들의 생각이다.

그렇다면 어떻게 덕을 키울 수 있을까? 덕 윤리는 습관과 훈련을 중요하게 생각한다. 덕 있는 행위를 반복해서 수행하면 그런 행위가 습관화되고 내면화되어 지속적 성향을 형성하고, 제2의 천성과도 같이 인격과 성품의 일부를 이룬다고 주장한다. 행위자가 원인이고 행위가 결과라고 보는 의무 윤리와는 달리 덕 윤리는 행위자와 행위의 관계가 일방적이지 않고 행위가 다시 행위자를 변화시키는 되먹임 관계가 있다고 보는 것이다. 행위가 행위자의 의도를 수행하는 것이 사실이지만,

거꾸로 행위의 결과가 행위자의 인격과 성품을 변화시키기도 한다는 것이다. 덕 윤리가 행위보다 행위자를 더 중요시하는 것이 바로 이 때문이다. "제비 한 마리가 난다고 봄이 온 것은 아니다"라는 아리스토텔레스의 말처럼 우연히 한 번 덕 있는 행위를 했다고 크게 의미를 둘 수는 없다는 것이다. 한 번 선행을 했다고 선한 사람이 되는 것은 아니다. 반복된 선행을 통해서 성품이 변하고 그럼으로써 비로소 선한 사람이 될 수 있다는 것이 덕 윤리의 주장이다. 그래서 덕 윤리는 개별 행위보다 그런 행위들이 쌓여서 형성되는 인격이나 성품에 관심을 가지며, 덕을 인성 속에 내면화되고 체화된 지속적 성향으로 파악한 것이다. 덕 윤리에 따르면 거창한 한 번의 행동보다 작지만 꾸준한 실천이 더 중요하다.

의의와 한계

오늘날 덕 윤리의 의의와 한계와 관련하여 어떤 점이 논쟁거리가 될까? 첫째는 덕의 역할에 대한 것이다. 덕 윤리의 중심 문제는 내가 무엇을 해야 할지가 아니라 내가 어떤 인간이 되어야 할지이다. 그러다 보니 덕 윤리는 우리가 행할 바가 무엇인가를 구체적으로 말해주지 못하는 경우가 많다는 비판이 제기된다. 의무주의자는 덕이 단지 심리적 경향이나 성향에 불과한 것이라며 한계를 지적한다. 예를 들어 용기라는 덕은 어떤 상황에서도 두려움에 굴복하지 않는 성향이라 할 수 있다. 이렇게 일종의 심리적 경향성인 덕은 도덕 원칙을 제공할 수는 없고 단지 의무를 보조하는 역할만 할 수 있다는 것이다. 도덕적 덕을 갖는다는 것은 도덕 규칙이 제시하는 방식으로 행위하는 성향이 있다는 것이다. 그래서 도덕적 덕을 갖게 되면 도덕적으로 옳은 것이나 의무를 습관적으로 행하게 되지만 그렇다고 해서 덕이 도덕 규칙이나 의무 자체를 제공할 수는 없다고 비판한다. 결국 덕은 도덕에서 부차적 역할을 한다는 결론에 이른다. 즉 덕은 도덕적 의무의 원칙을 보완함으로써 그 원칙이 지시하는 바를 기꺼이 수행하려는 동기를 제공해주는 성향에 불과하다는 것이다.

그러나 덕이 우리에게 행위 지침을 제공할 수 없다는 주장에 대해서는 반박이 가능하다. 일상적 도덕 경험에 비추어볼 때 이 비판이 타당한 것으로 입증되기 어렵기 때문이다. 다양한 대안 중 하나를 선택하는 상황에서 우리는 흔히 "그건 자비롭지 못한 일이니 하면 안 돼", "비겁한 짓이니 하지 말아야지", "그런 행동은 비열하고, 부정직하며, 신사적이지 못해"라고 말하며 적절한 행위가 무엇인지 발견하고는 한다. 이런 도덕 경험에 비추어볼 때 덕도 행위 지침을 제시할 수 있다는 것이 덕 윤리학자의 반론이다.

둘째로 덕 윤리의 실현 가능성, 즉 현실적 타당성도 논쟁거리이다. 전통적인 덕 윤리는 구체적인 공동체를 현실적 토대로 삼았기 때문에 그 공동체의 역사와 전통을 배경으로 한다. 예를 들어 아테네와 스파르타는 서로 다른 역사와 전통을 갖고 있기에 어떤 사람이 좋은 사람이냐에 대해서 다른 관점을 가진다. 그래서 전통적 덕 윤리는 대체로 전통과 관행의 권위를 인정하고 그에 의거한 규범과 윤리를 전제로 한다. 오늘날 덕 윤리의 부활을 시도하는 사람들도 현대 산업 사회의 구조적 병폐를 비판하면서 덕의 윤리에 맞는 사회 구조에 대한 구상을 암암리에 전제하고 있다. 덕 윤리를 내세우는 매킨타이어 (Alasdair MacIntyre, 1929~)는 쾌락주의자들이 이합집산하면서 도덕적 무정부 상태에까지 다다른 개인주의, 그리고 가치 중립성이란 미명 아래 기술 전문인들에 의해 가치를 조작하는 관료주의가 현대 사회와 문화의 근본적인 문제라고 생각한다. 그래서 그에 대한 대안으로 전통적 마을 공동체와 유사하게 서로 얼굴을 맞댈 수 있는 소규모 공동체를 제안하고, 그런 공동체에서는 덕 윤리가 실현될 수 있다고 주장한다. 그러나 이런

도덕철학자 알래스데어 매킨타이어.

제안이 완전히 비현실적인 것은 아니지만 과연 현대 사회에서 전면적으로 실현 가능할지 의문이 제기된다.

　이에 대해 이런 공동체가 전면적으로 실현되기 어렵다 하더라도 덕 윤리는 의미를 가진다는 주장이 제기된다. 현대 사회에서 덕 윤리가 의무 윤리를 대체할 수 있는 대안은 아니지만 부족한 점을 채울 수 있는 핵심 보완책은 될 수 있다는 주장이다. 우선 의무 윤리는 근대 이후 우리의 도덕 생활에서 주로 공적 영역에 적용하기 위해 구상된 윤리이다. 그런데 덕 윤리는 사적 영역에 더 적합한 윤리로서의 성격을 가진다. 우리 경우도 사회 윤리나 공공 도덕보다는 개인 윤리에서 덕 윤리의 전통이 많이 남아 있는 것이 사실이다. 따라서 의무 윤리는 주로 공적, 정치적 영역을 주도하고 덕 윤리는 사적이고 개인적 영역에 기여하는 상호 보완적 접근이 필요하다는 것이다. 가정이나 우정 관계, 소규모 공동체 등에서 부딪치는 다양한 문제는 의무 윤리가 다 책임질 수 없으므로, 덕 윤리가 의미 있는 인간관계나 관행을 주도하게 되면 현대 사회의 도덕적 수준을 향상할 수 있다는 주장이다. 따라서 덕 윤리는 거시적 차원에서 전면적 실현 가능성이 없다는 이유로 포기해야 할 대안이 아니라 우리의 미시적 삶 속에서 최대한 실현해야 할 의미 있는 대안으로 살아 있게 된다.

현대의 윤리 삼국지 3: 의무주의

결과보다는 동기

의무주의는 행위를 평가하는 기준을 행위자의 내적 의도나 동기에 두어야 한다고 주장하기 때문에 공리주의의 반대편에 선다. 공리주의는 행위의 옳고 그름을 결과를 보고 결정하려고 했기 때문이다. 의무주의는 동기를 중시한다는 점에서 동기주의라 부르기도 하고, 도덕 법칙의 준수를 의무라고 생각하기 때문에 법칙주의라 부르기도 한다. 의무주의를 확립한 철학자는 칸트이다. 『실천이성비판』을 본격적으로 살펴보기 전에 예습하는 의미로 칸트 윤리학을 미리 간략히 살펴보자.

칸트는 행위에 도덕적 가치를 부여하는 것은 결과가 아니라 동기임을 강조했다. 경험주의 성향이 강하던 당시 철학자들은 동기는 내면적이라 관찰할 수 없으므로 판단 근거가 될 수 없다고 보았다. 행위의 결과만이 관찰해서 검증할 수 있으므로 판단 근거로서 자격이 있다고 생각한 것이다. 그런데 왜 칸트는 이런 생각에 반기를 들었을까? 예를 들어보자. 노인이 버스에 타니 청년이 자리를 양보하는 경우를 비교해보자. 우선 청년 1은 노인 공경이 의무라는 생각에 바로 자리를 양보했다. 청년 2는 노인이 서 있고 자기가 앉아 있는 게 불편해서 마음의 평안을 얻기 위해 양보했다. 청년 3은 여자 친구와 데이트 중이었는데, 자신이 노인을 공경하는 멋진 남자임을 보여주어 여자 친구의 호감을 얻기 위해 자리를 양보했다. 청년 4는 소매치기인데 마침 그 시간에 범죄를 저지르기 위해 일어났고 노인이 그 자리에 앉았다. 이 네 경우는 관찰한 결과만 보면 노인에게 자리를 양보한 행위로 똑같이 평가될 것이다. 그런데 과연 이 네 행위를 똑같이 평가하는 것이 타당할까? 말이 안 된다는 생각이 들 것이다. 결국 동기를 고려하지 않으면 네 행위의 차이가 드러날 수 없고, 그래서 칸트는 행위에 대한 평가에서 동기가 핵심이라고 주장하는 것이다.

칸트는 그 행위가 오직 옳으므로 행하려는 선의지를 따를 때 도덕적 행위가 될 수 있다고 보고 '의무에 일치하는 행위'와 '의무로부터 나온 행위'를 구분한 다음, 후자만이 도덕적 행위라고 본다. 위의 사례에서 청년 1만 의무로부터 나온 행위이고 나머지는 의무에 일치하는 행위일 따름이다. 다른 예를 들어보면 같은 자선 행위라 하더라도 내 마음이 편해지기 위해서 한 자선은 의무에 일치하는 행위이기는 하지만 진정한 도덕적 행위라 볼 수 없다. 오직 자선이 옳기 때문에 했을 경우만 의무로부터 나온 행위이기 때문에 도덕적 행위로 볼 수 있다.

무엇이 의무인가?

그렇다면 무엇이 의무일까? 결과를 따지지 않고 마땅히 지켜야 할 도덕 법칙을 따르는 것이다. 그렇다면 다시 질문하게 된다. 도덕 법칙은 무엇일까? 칸트는 우리가 보통 원칙을 세워 행위한다고 본다. "거짓말하지 않는다"라는 원칙을 가지고 있으면, 중대한 실수를 했더라도 솔직하게 잘못을 인정하고 용서를 구할 것이다. "상대의 고통을 덜어주는 거짓말은 해도 된다"는 원칙을 가지고 있으면 상대의 문제점이 무엇인지 솔직하게 얘기하지 않고 그냥 덮어줄 것이다. "내게 불리하면 거짓말해도 된다"는 원칙을 가지고 있으면 거짓말을 밥 먹듯 하게 될 것이다. 그런데 이런 원칙은 준칙과 실천 법칙으로 나눌 수 있다. 준칙은 주관적 원칙이고 실천 법칙은 객관적 원칙이다.

어떤 원칙이 주관적이라는 것은 무슨 뜻일까? 최소한 나에게는 옳은 것으로 인정된다는 뜻이다. 남이 어떻게 생각하건 상관없이, 또 남에게도 적용될 수 있는지 아닌지는 모르지만, 최소한 나만은 꼭 지켜야 한다고 정해놓았다는 것이다. 반면에 어떤 원칙이 나에게만이 아니라 모든 사람에게 다 적용되어야 한다고 생각하면 그 원칙은 객관적인 것이고 실천 법칙이 된다. 예를 들어보자. "아침 6시에 꼭 일어나야 한다"는 원칙은 준칙이다. 이유가 어떠하든 내가 스스로 정해놓은 것이기 때문에, 남은 몰라도 나만은 꼭 지켜야 할 원칙이다. 그러나 실천 법칙은 아니다. 세상 모든 사람에게 아침 6시에 꼭 일어나라고 강요할 마땅한 근거를 찾기 어렵기 때문이다. 이처럼 준칙에는 행위자가 자신의 조건, 특성, 욕망에 맞추어 정한 원칙들이 포함된다. 반면에 실천 법칙은 인간이라면 누구에게나 적용해도 올바른 것이라서 누구나 마땅히 지켜야 할 객관적 원칙이다. 그러므로 각자가 자신의 경험에 근거해서 세운 원칙은 준칙에 머무를 수밖에 없지만, 각자가 가진 서로 다른 경험을 초월해서 오직 이성에 근거해서 세운 원칙은 실천 법칙이 될 수 있다. 칸트가 말하는 도덕 법칙은 바로 이런 실천 법칙을 가리킨다.

도덕은 정언 명령

칸트에 따르면 도덕 법칙은 정언 명령의 형태를 가질 수밖에 없다. 정언 명령이란 무조건 지켜야 할 명령이란 뜻이다. 명령에는 두 가지가 있다. 조건에 동의할 경우에 따를 명령과 조건 없이, 즉 무조건 따를 명령이 있다. 칸트는 전자를 가언 명령, 후자를 정언 명령이라 부른다. 가언 명령은 '만일……'이라는 조건이 붙은 명령이다. 다시 말해 어떤 결과를 얻으려면 어떻게 행위해야 하는지를 정해주는 명령이기 때문에 그 결과를 얻기 원하는 사람에게만 적용된다. 예를 들어 "칭찬을 받으려면 착하게 행위하라"라는 명령은 칭찬받는 결과를 얻고자 하는 사람에게만 적용되는 명령이다. 칭찬받기 싫은 사람은 따를 필요가 없는 것이다. 반면에 정언 명령은 결과와 상관없이 무조건 지켜야 하는 명령이다. 예를 들어 "어느 경우에도 착하게 행위해야 한다"라고 하면 정언 명령이 된다.

왜 정언 명령만이 도덕 법칙이 될 수 있을까? 그것은 어떤 명령이 법칙이 되기 위해서는 보편성과 필연성을 가져야 하기 때문이다. 보편적이라는 말은 언제나 누구에게나 성립한다는 뜻이다. 시대와 장소에 상관없이, 개인의 특성에 상관없이 항상 성립하는 것이다. 필연적이라는 말은 무조건 반드시 성립한다는 뜻이다. 그런데 가언 명령은 이런 보편성과 필연성을 가질 수 없다. 예를 들어 "훌륭한 사람이 되려면 학교 공부를 열심히 하라"는 명령은 학생들이 자주 듣는 가르침이다. 여기에는 몇 가지 전제가 당연한 듯 숨겨져 있다. 모름지기 학생은 훌륭한 사람이 되는 것을 목표로 삼아야 한다는 것, 그리고 훌륭한 사람이 되는 방법은 학교 공부를 열심히 해서 좋은 성적을 받아서 좋은 학교로 진학하거나 궁극적으로 좋은 직업을 갖는 것이라는 것 등이다. 그러나 이런 전제를 누구나 받아들인다는 보장은 없다. 어떤 학생은 훌륭한 사람이 되는 것은 부담스럽고 약점과 단점이 있지만 큰 잘못은 저지르지 않고 살아가는 평범한 사람이 되기를 바랄 수도 있다. 또 어떤 학생은 훌륭한 사람이 되는 길이 꼭 공부에만 있는 것은 아니므로 학교 성적은 좋지 않더라도 사회 경험을 많이 쌓으면 훌륭한 사람이 될 수 있다고 믿을 수도 있다. 훌륭한 사람을 목표로 삼지 않기 때문에 학교를 자퇴할 수도 있지만, 진짜 훌륭한 사람이 되기 위해 학교를 자퇴할 수도 있다. 이런 학생들에게는 학교 공부를 열심히 하라는 것이 보편적 필연적 명령으로서 역할을 할 수 없다. 이 명령은 무조건 지키라고 요구할 힘을 잃게 된다. 결국 도덕 법칙은 보편성과 필연성을 가져야 하므로 개인의 특수하고 우연한 욕망에 기초할 수는 없고 보편적인 것을 추구하는 이성에 기초할 수밖에 없다.

그렇다면 정언 명령에는 구체적으로 어떤 것이 있을까? 칸트는 구체적 사례를 제시하지는 않지만 도덕 법칙이 되기 위해 갖춰야 할 자격을 일반적인 정언 명령의 형식으로 표현한다. 우선 도덕 법칙이 되려면 보편화할 수 있어야 한다. 누구에게나 무조건 지키라고 요구할 수 있어야 도덕 법칙이기 때문이다. 그래서 칸트는 "너의 의지의 준칙이 항상 동시에 보편적 법칙 수립의 원리로서 타당할 수 있도록, 그렇게 행위하라"는 것을 정언 명령으로 제시한다. 이는 도덕이 개인의 이해관계나 관심을 넘어서 보편적 관점에 서는 것임을 주장하는 것이다. 다음으로 칸트는 "인간을 목적으로 대우하고, 단지 수단으로서만 대우하지는 말라"는 것을 또 하나의 정언 명령으로 제시한다. 다른 사람의 존엄성과 권리를 해치지 않는 원칙만이 도덕 법칙이 될 수 있다는 것이다. 여기서 중요한 것은 "단지 수단으로서만"이라는 표현이다. 사람들이 서로 수단으로 대하는 경우는 있을 수밖에 없다. 회사의 사장에게 사원들은 사업을 잘 운영하기 위한 수단의 성격을 가진다. 그러나 회사 운영의 수단으로만 생각해서 인격을 무시해서는 안 되고, 사원이기 이전에 존엄성과 권리를 가진 인격적 존재로 대우해야 한다는 것이다. 결국 인권을 해치는 명령은 도덕 법칙이 될 수 없음을 주장하고 있다.

도덕 법칙의 토대는 실천 이성

이런 도덕 법칙은 어디에서 온 것일까? 종교가 지배하던 시대에는 도덕 법칙을 신이 준 것이라든지 아니면 초자연적인 것이라는 입장이 강했다. 그러나 칸트는 도덕 법칙을 인간의 이성에 기초한 것으로 본다. 인간은 한편으로는 자연의 지배를 받는 동물이지만 다른 한편으로는 자연의 법칙을 넘어설 수 있는 자유를 가진 존재이다. 자유는 인간에게 자연적 본능과 욕망을 이겨내고 의무를 지킬 수 있는 힘을 준다. 칸트는 자유 개념을 자기 철학의 마룻돌이라고 표현할 정도로 중요시했다. 이 자유의 힘을 통해 인간은 도덕의 세계를 추구할 수 있다. 그래서 도덕 법칙의 원천은 바로 인간의 이성이다. 인간의 이성은 그 자체로 실천적이며 도덕 법칙을 부여하는 힘이 있다. 이를 칸트는 실천 이성이라고 불렀다.

그러므로 도덕 법칙은 자율적인 것이다. 인간 이성이 스스로 부여했기 때문이다. 우리의 도덕적 의지는 외부에서 강요한 법칙을 억지로 지키는 것이 아니라 스스로 부여한 도덕 법칙을 의무라고 여기고 자발적으로 지킨다. 할 수 없이 타율적으로 도덕 법칙이나 의무를 지키는 것은 정말로 책임 있는 자세가 아니며, 설사 결과적으로 도덕 법칙을 지켰다 하더라도 진정으로 도덕적인 태도는 아니라는 것이 칸트의 생각이다. 인간은 자유로운 존재이기 때문에 자기 스스로, 달리 말해 자율적으로 도덕 법칙을 지킬 때 정말 인간다운 존재가 될 수 있다.

그렇다면 우리는 이런 도덕 법칙을 어떻게 알 수 있을까? 칸트는 우리가 다른 어떤 것의 도움을 받지 않고 직접 이런 법칙을 알고 있다고 생각한다. 우리가 일상적으로 도덕 법칙에 따라 행위하려고 노력하고 있는 것이 부인할 수 없는 사실이라는 것이다. 거짓말하지 말라는 것을 도덕 법칙으로 의식하기 때문에 거짓말하지 않으려고 노력하고, 거짓말하면서도 양심의 가책을 느낀다. 그래서 그는 우리가 이렇게 도덕 법칙을 알고 있는 것은 "이성의 사실"이라고 표현한다.

의의와 한계

의무주의는 한계가 없을까? 어떤 비판이 제기될까? 첫째, 두 의무가 상충할 경우 해결할 방법이 있는지 의문이 든다. 현실에서 두 의무가 부딪치는 경우는 자주 생긴다. 예를 들어 철수와 약속을 지키자니 준호에게 거짓말을 해야 하고, 준호에게 진실하자니 철수와 약속을 어겨야 하는 상황이 있을 수 있다. 이때 약속을 지켜야 한다는 의무와 진실해야 한다는 의무 중 어느 것이 더 상위의 의무인지 판단할 기준을 어떻게 찾을 수 있을까? 우리는 실천 이성을 통해 무엇이 의무인지를 스스로 알고 있다는 것이 칸트의 주장이지만 충돌하는 두 의무 중 어느 것을 더 우선해야 하는지에 대해서는 충분한 설명을 주지 못한다.

둘째, 의무만으로 우리의 도덕 행위를 다 설명할 수 있을지도 의문이다. 의무 윤리에서는 우리 행위를 도덕적 의무 사항, 도덕적 금지 사항, 도덕과 상관없는 사항의 세 부류로 구분한다. 그런데 이런 구분만으로는 도덕 경험 전체를 다 포괄하기 어렵다는 비판이 가능하다. 우선 우리는 의무 이상의 행위도 도덕적으로 칭송한다. 남을 위해 희생하는 행위를 의무로 강요하지는 않지만 의무 이상의 가치 있는 행위로 평가한다. 또한 의무가 아님에도 도덕적으로 가치를 부여하는 행위들이 있다. 예를 들어 친절, 자선, 관용은 의무적으로 꼭 지켜야 할 덕목은 아니지만 도덕적 권장 사항임에는 틀림없다. 길에서 어떤 사람이 시간을 물어볼 때 답해줘야 할 의무는 없으나 답해주는 것이 좋은 일이고 인간으로서 할 일이라고 생각하기 때문이다. 그래서 의무 개념만으로는 '도덕적으로 바람직한 행위'들을 다 포괄할 수 없다는 비판이 제기된다.

셋째, 도덕적 행위를 하게 하는 데에도 한계가 있다. 모든 행위가 원칙에 따라서만 이루어질 수는 없기 때문이다. 물론 어떤 의무들은 원칙만으로 정해진다. '약속을 지켜라', '빚을 갚아라' 등이 예이다. 그러나 규칙만으로는 행위하기 어려운 경우도 많다. 예를 들어 '용기 있게 행위하라', '관용을 베풀라' 같은 원칙들은 구체적 상황 속에서 어떤 것이 용기 있는 것이고 관용인지 그때그때 구체적으로 판단하지 않고는 의미 없는 원칙이 된다. 따라서 원칙을 구체적 상황에 따라 적절히 적용하는 능력이 따로 있어야 실제 도덕 행위가 가능한데 의무주의는 이를 제공하기 어렵다는 비판이다.

넷째, 의무주의는 도덕적 성숙 개념을 설명하기 어렵다는 비판도 있다. 칸트에 따르면 도덕적 가치를 갖는 행위는 자연적 욕망과의 갈등을 의무감으로 이겨내고 행해진 행위이다. 홈

치고자 하는 강한 유혹을 물리치고 훔치지 않은 행위가 도덕적으로 가치 있는 것이다. 그렇다면 아예 그런 유혹을 느끼지 않았기 때문에 훔치지 않은 행위는 도덕적으로 가치가 없는 것인지 의문이 제기된다. 금지된 행위에 대한 유혹조차 느끼지 않을 정도로 도덕성이 우리 본성의 일부가 되어 자연스럽게 도덕적으로 행위하는 상태를 도덕적 성숙 상태라고 할 때, 의무주의는 이런 개념을 받아들이기 어려운 문제점이 있다는 비판이다.

그러나 이런 문제 제기에도 불구하고 칸트로 대표되는 의무주의는 어떠한 이유로도 훼손될 수 없는 인간의 존엄성과 권리를 강조했다는 점에서 큰 의의를 가진다. 인간은 절대적 가치를 가진 인격체로서 그 자체가 목적이기 때문에 다른 인간에 의해서 수단화되고 억압되어서는 안 된다는 점을 분명히 하고 있다. 아울러 각 개인은 자기 삶의 주인으로서 스스로 자유롭게 선택할 수 있는 권리를 가지고 있음을 강조하고 있다.

2장

『실천이성비판』 읽기

도덕 법칙은 무엇인가

도덕 법칙의 특성

이미 살펴보았듯이 칸트에 따르면 우리는 보통 어떤 원칙을 토대로 행위하고 실천한다. 거짓말과 관련해서 보면 우리는 "거짓말하지 않는다" 혹은 "상대의 고통을 덜어주는 거짓말은 해도 된다" 혹은 "내게 불리하면 거짓말해도 된다"는 원칙 중 어느 하나를 토대로 행위한다. 그리고 어떤 원칙을 가지느냐에 따라 내가, 혹은 상대방이 문제 상황에 처했을 때 선택하는 행

모자, 지팡이, 원고가 놓여 있는 칸트 벤치. 쾨니히스베르크의 세계 해양 박물관.

동은 전혀 달라진다. 그런데 칸트는 이런 원칙을 준칙과 실천 법칙으로 나눈다. 전자는 주관적인 원칙이고 후자는 객관적인 원칙이다.

주관적인 실천 원칙인 준칙은 남에게 강요할 수는 없지만 나는 꼭 지켜야 하는 실천 원칙이다. 실천 법칙을 객관적이라 할 수 있는 것은 이성을 가진 인간이라면 누구나 꼭 지켜야 하는 원칙이기 때문이다. 예를 들어보자. "아침 6시에 꼭 일어나야 한다"는 원칙은 주관적인 원칙이다. 내가 어떤 이유에서건 스스로 정해놓은 것이라서 나만은 꼭 지켜야 하는 규칙이기 때문이다. 만일 이 규칙을 어기면 "넌 그 정도밖에 안 되는 놈이야?"라며 스스로 책망하고 비난할 것이다. 그래서 이 원칙은 준칙이라 할 수 있다. 하지만 실천 법칙이라고 볼 수는 없다. 다른 모든 사람에게 아침 6시에 꼭 일어나라고 요구할 수는 없기 때문이다. 어떤 사람이 "나는 밤에 길거리를 지키는 경찰이기 때문에 새벽 4시에 퇴근합니다, 그런데도 아침 6시에 일어나야 하는 것입니까?"라고 반문할 경우, 그 사람에게 아침 6시에 꼭 일어나야 한다고 말하기는 쉽지 않을 것이다. 이처럼 준칙에는 행위하는 사람 본인이 자신의 조건과 특성과 욕망에 맞추어서 정한 실천 규칙들이 포함된다. 그러므로 다른 사람은 몰라도 나만은 꼭 지키고자 하는 규칙이다. 반면에 실천 법칙은 이성을 가진 사람이라면 누구나 지켜야 할 원칙이다. 이성적 사람이라면 누구에게나 다 적용해도 올바른 것이고 그러므로 누구나 마땅히 지켜야 할 객관적 규칙이기 때문이다. 각자가 자신의 경험에 근거해서 세운 규칙은 준칙에 머무를 수밖에 없지만, 각자가 가진 서로 다른 경험은 무시하고 오직 이성에 근거해서 세운 규칙은 실천 법칙이 될 수 있다. 칸트가 도덕법칙이라 부르는 것은 바로 이 실천 법칙을 가리킨다.

그런데 누구나 지켜야 할 명령이 실천 법칙인 것은 맞지만 명령의 형태를 띠고 있다고 모두 다 실천 법칙이 되는 것은 아니다. 칸트에 따르면 오직 명령 중에서 정언 명령만이 실천 법칙이 될 수 있다. 정언 명령이란 무조건 지켜야 할 명령이란 뜻이다. 그러므로 도덕 법칙이 되려면 우선 명령이어야 하고, 그중에서도 무조건적 명령, 즉 정언 명령이어야 한다. 이 점을 하나씩 설명해보기로 하자. 우선 앞에서 다룬 주관적인 준칙도 실천을 위한 원칙이기는 하지만 엄밀한 의미에서 명령이 아님을 벌써 보았다. 개인적 규칙에 불과하므로 꼭 누구나 항상 지켜야 하는 것은 아니기 때문이었다. 준칙은 사람에 따라, 또 같은 사람도 상황에 따라 바뀔 수 있다. 예를 들어 "아침 6시에 일어나야 한다"는 규칙은, 필요하다면 "아침 5시에 일어나야 한다"로 얼마든지 바뀔 수 있다.

그런데 준칙의 성격을 벗어난 명령이라고 해서 모두 실천 법칙이 되는 것은 아니다. 실천을 위한 원칙이 대부분 일단 자신이 원하는 바를 이루는 데 필요한 어떤 행위를 정해주는 규칙이지만, 이 중에서 주관적이지 않은 규칙이 실천 법칙이라 했다. 그런데 실천 법칙은 누구나 반드시 지켜야 할 것이므로 모두 "~하라" 혹은 "~하지 말라"는 일반적 명령의 형태를 띤다. 명령이라고 부르는 이유는 우리가 이성적으로 행위한다면 반드시 이 규칙을 따라야 하기 때문이다. 명령은 누구나 지켜야 하므로 객관적 법칙이고 그 점에서 주관적 준칙과 다른 것이다. 그런데 명령에도 두 가지가 있다. 조건에 동의할 때 따를 명령과 조건 없이 따를 명령이 있다. 칸트는 전자를 가언 명령, 후자를 정언 명령이라 부른다. 가언 명령은 '만일~'라는 조건이 붙은 명령이다. 다시 말해 정해진 어떤 결과를 얻으려면 누구나 반드시 어떻게 행위해야 하는지를 정해주는 명령이다. 예를 들어 "칭찬을 받으려면 착하게 행위하라"는 명령을 보자. 이것은 명령이기는 하지만 칭찬받는다는 결과를 얻고자 하는 조건에 맞는 사람에게만 어떻게 행위해야 할지 정해주는 명령이다. 칭찬받기 싫은 사람은 따를 필요가 없는 명령이다. 반면에 정언 명령은 결과와 상관없이 무조건 지킬 것을 요구하는 명령이다. 그래서 아무런 조건도 붙지 않은 명령이고 어떤 결과가 생기느냐에 관계없이 우리가 어떻게 행위해야 하는지 정해주는 명령이다. 예를 들어 "어느 경우든 착하게 행위해야 한다"라고 하면 정언 명령이 된다. 이러한 정언 명령만이 실천 법칙이 될 수 있다. 왜 그럴까?

칸트는 조건이 붙은 가언 명령은 실천 법칙이 될 수 없다고 주장한다. 왜냐하면 무조건 따를 것을 명령하면서 우리의 행위를 무조건 정해주는 것이 아니라, 앞에 붙어 있는 조건에 해당하는 것을 원할 때만 성립하는 명령이기 때문이다. 조건으로 붙어 있는 것을 결과적으로 얻으려면 어떻게 하라고 정해주는 명령은 행위를 인도해주는 가르침은 되지만 법칙이라고는 할 수 없다. 법칙이 되려면, 내가 과연 원하는 결과를 얻기에 필요한 능력이 있는가, 또는 그런 결과를 낳기 위해 내가 할 일은 무엇인가를 묻기 전에, 행위하려는 의지 자체를 조건 없이 정해줄 수 있어야 한다. 곧 무조건적 명령이 되어야 한다. 그렇지 않으면 법칙이라고 할 수 없다. 왜 그럴까? 앞서 말했듯이 인간은 양면성을 가진 존재이다. 이성적 존재라는 점에서 보면 결과를 따지지 않고 선하게 행위하려는 순수한 의지를 충분히 가질 수 있다. 그러나 온갖 욕망과 감성적 원인에 의해 자극을 받는 자연적 존재로서의 인간이 스스로 주관적 준칙을 세울 때, 신성한 도덕 법칙에 어긋나는 준칙은 절대로 세우지 않겠다는 의지가 있을지는 의심스럽다. 그러므로 이런 인간에게 도덕 법칙은 항상 정언적으로, 즉 무조건 요구하는 명령이 될 수밖에 없다.

그렇다면 정언 명령만이 실천 법칙이 될 수 있는 이유는 무엇일까? 어떤 명령이 법칙이 되기 위해서는 보편성과 필연성을 가져야 하기 때문이라는 것이 칸트의 대답이다. 보편적이라는 말은 언제나 누구에게나 성립할 수 있어야 한다는 뜻이다. 시대와 장소에 상관없이, 개개인의 특성에 상관없이 항상 성립한다는 것이다. 필연적이라는 말은 무조건 반드시 성립한다는 뜻이다. 실천과 관련해서 보면 감정의 변화나 우연적 조건에 상관없이 반드시 성립한다는 것이다. 그러므로 조건이 붙은 가언 명령은 필연적일 수 없다.

예를 들어보자. 누군가에게 "늙어서 가난하게 살지 않기 위해서는 젊어서 열심히 일하고 절약하라"고 말한다면, 이것은 실천과 관련하여 올바르면서도 중요한 가르침을 주는 것이다. 이 경우는 우리가 대체로 조건에 해당하는 상황, 즉 늙어서 가난하게 살지 않기를 실제로 원한다는 것이 전제되어 있다. 그런데 실제 그러한 상황을 원하는지 아닌지는 사람에 따라 다르며, 각자의 판단과 의지에 맡길 수밖에 없다. 모든 사람이 반드시 그 상황을 원한다는 보장이 없다. 그래서 보편적이고 필연적일 수 없다. 사람에 따라서는 이와는 다른 상황을 원할 수도 있다. 즉 자신이 번 돈 외에 다른 재정적 도움이 있을 것이라 예상하거나 기대할 수도 있고, 또는 장차 가난한 상황이 닥쳐도 어떻게든 근근이 꾸려갈 수 있으리라 생각할 수도 있고, 심지어 아예 늙지 않기를 바랄 수도 있다. 만일 이런 상황을 원하는 사람이 있다면, 그 사람에게는 젊어서 일하고 절약해야 한다는 것이 보편적이고 필연적인 명령으로서 역할할 수 없을 것이다. 결국 이 명령은 모든 사람에게 무조건으로 지킬 것을 요구할 힘을 잃는다. 일반적으로 어떤 규칙은 각 사람의 우연적이고 특수한 조건과 상관없이 적용할 수 있을 때만 객관적으로 그리고 보편적으로 타당하므로, 실천 법칙이 되기 위해서는 이성 이외의 어떤 것도 끼어들어서는 안 되고 오직 이성 자신만을 전제할 수 있어야 한다. 그러므로 행위가 어떤 결과를 낳는지에 상관없이, 행위하려는 의지를 무조건 정해주는 정언 명령만이 실천 법칙이 될 수 있다는 것이 칸트의 생각이다.

그렇다면 같은 '법칙'이라는 말을 쓰긴 하는데 자연 법칙과 도덕 법칙은 성격이 같은 것일까? 자연 법칙과 비교해보면 실천 법칙, 즉 도덕 법칙을 이해하는 데에 도움이 될 것이다. 자연 법칙과 도덕 법칙은 차이가 있다. 우선 자연 법칙은 이성의 이론적 사용에서 나온 것이고 도덕 법칙은 이성의 실천적 사용에서 나온 것이다. 운동이 전달될 때 작용과 반작용이 같다는 원리는 자연을 인식할 때 발생하는 원리로서 자연 법칙이다. 여기서는 대상을 파악하기 위해 이성을 이론적으로 사용하며 대상의 성질에 의해 규정된다. 그러나 어떤 의지를 갖고 행위할 것인가를 묻는 실천적 문제의 경우, 실천 원칙은 스스로 만드는 것이다. 따라서 우리가 어쩔 수 없이 지배받는 그런 법칙이 아니다. 우리는 자연 법칙을 어길 수 없고, 그래서 따르지 않을 수 없지만, 실천 법칙은 그것이 명령임에도 불구하고 우리가 얼마든지 어길 수 있다는 점에서 큰 차이가 있다.

순수 이성이 제시하는 실천 법칙은 '실천적'이라는 의미에서는 결국 경험 세계 속에 실현될 것이며, '법칙'이라는 의미에서는 필연성을 가진 것이다. 그리고 경험적 토대에 의존하는 자연 법칙과는 달리 경험적인 차원에서 독립한 법칙이므로 우리 의지가 무조건 따라야 할 자유의 법칙이라고 칸트는 본다. 물론 이 법칙에 따른 행위의 결과는 경험 세계 속에 나타나고 경험에 속하는 것 또한 사실이다. 그러므로 자연의 법칙 아래 있으면서도 자유의 법칙이 허용되는 경우를 감성 세계 안에서만 찾고자 하거나, 또한 도덕적 선이라는 초감성적 이념이 적용될 수 있는 경우를 감성계 안에서만 찾고자 하는 것은 모두 논리에 맞지 않는 일이다.

한편으로 칸트에 의하면 자연 법칙은 도덕 법칙과 큰 차이가 있음에도 불구하고 일상적으로는 도덕 법칙의 본보기가 될 수 있다. 법칙으로서 공통점이 있으므로 자연 법칙은 도덕의 영역에서 윤리적 원리에 따라 어떤 행위의 준칙을 평가하는 모델이 될 수 있다. 만일 어떤 행위의 준칙이 자연 법칙의 일반적 성격과 하등 유사한 점이 없다면 그 준칙은 윤리적 차원에서도 법칙이 될 가능성이 없다. 자연 법칙처럼 일반화된 형식을 취할 수 없는 것이라면, 즉 누구에게나 요구할 수 있는 것이 아니라면 준칙은 윤리적인 것이 아니다. 그 준칙은 도덕 법칙이 자연 법칙과 공유하는 특성조차도 갖지 못한 것으로 판단할 수 있으므로 상식적으로 도덕 법칙으로 받아들이기 어려울 것이다. 실제로 자연 법칙은 상식의 모든 일상적인 판단, 즉 경험적 판단의 기초에 항상 놓여 있다. 결국 상식은 자연 법칙을 항상 수중에 가지고 있는 셈이고, 그래서 도덕 관련 판단에서도 은연중에 자연 법칙을 본보기로 접근해갈 수밖에 없다. 상식은 경험 속에서 본보기로 삼을 수 있는 무엇인가를 가지지 않고서는 순수 실천 이성의 법칙을 적용하거나 사용할 수 없기 때문이다.

도덕 법칙과 준칙

도덕 법칙의 특성이 어떠한지 살펴보았는데 그러면 준칙은 항상 주관적이기만 한 것일까? 준칙은 분명 스스로 세운 원칙이지만 주관적인 차원에 그치지 않고 객관적인 도덕 법칙의 성격을 동시에 가질 수는 없는 것일까? 칸트는 그 길이 닫혀 있지 않다고 본다. 실천의 주체인 인간이 주관적으로 세운 준칙이 어떤 경우에 객관적 법칙이 될 수 있는가 하는 문제는 『순수이성비판』의 핵심 문제와도 유사한 구조를 가진다. 거기서는 범주와 같이 주관이 가지고 있는 선험적인 순수 지성 개념이 주관적인 차원에 그치지 않고 주관을 초월하여, 즉 넘어서서 어떻게 현상 세계의 질서를 정해주는지, 달리 말해 객관적 실재성, 객관적 타당성을 가질 수 있는지가 중요한 문제였다. 『실천이성비판』에서도 마찬가지 맥락에서 한 개인이 채택한 주관적 규칙인 준칙이 어떻게 모두에게 타당한 객관적 도덕 법칙이 될 수 있는지를 밝히는 것이 중요한 문제이다.

그렇다면 과연 준칙이 어떤 경우에 도덕 법칙의 성격을 가질 수 있는지 생각해보자. 만약 이성적 인간이 자신이 세운 준칙을 보편적인 실천 법칙으로 생각할 수 있는 때가 있다면, 그것은 그 준칙의 질료 때문이 아니라 형식 때문이라는 것이 칸트의 생각이다. 질료와 형식은 무엇을 의미할까? 질료란 내용이나 대상을 가리킨다고 보면 된다. 예를 들어 "가난하게 살지 않기 위해서는 젊어서 열심히 일하고 절약하라"는 준칙을 보자. 여기서 "가난하게 살지 않기 위함"과 "열심히 일하고 절약함"은 이 준칙의 구체적인 내용을 이루는 부분이다. 이것을 칸트는 전통적인 철학 용어를 써서 질료라고 부른다. 형식은 무엇일까? 이런 내용을 담고 있는 틀이다. 이 명령은 앞서 말한 질료를, 즉 내용을 "~이면 ~하라"라는 틀에 담고 있다. 따라서 가언 명령이라는 성격이 바로 이 준칙의 형식적 측면에 해당한다. 앞서 말한 질료, 즉 내용이 조건을 가진 가언 명령의 틀 속에 담김으로써 이 준칙이 성립된 것이다.

그런데 이때 질료는 법칙을 제공할 수 없다. 질료는 "가난하게 살지 않기 위함"이나 "열심히 일하고 절약함"과 같이 항상 구체적인 대상이나 행위일 수밖에 없다. 이처럼 구체적인 내용을 목표로 삼는 규칙은 모두 경험적이기 때문에 결코 실천 법칙이 될 수 없다. 질료는 우리 의지가 행위를 통해 얻고자 하는 대상이며 추구하고자 하는 목표에 해당한다. 물론 우리가 행위할 때 질료, 즉 구체적 내용이나 대상이 우리 의지를 정하는 근거가 되는 때도 있고 그렇지 않은 때도 있다. 만약 질료가 우리 의지를 정해주는 경우라면, 이 행위의 규칙은 경험적 조건에 종속되는 것이다. 달리 말해, 목표하는 것을 얻거나 얻지 못할 때 느끼는 즐거움이나 고통의 감정에 종속되는 것이다. 그러므로 객관적 실천 법칙이라 할 수 없다. 이런 즐거움이나 고통은 사람마다 다를 수 있기 때문이다. 그런데 법칙에서 질료를 다 떼어내보자. 달리 말해 의지가 추구하는 구체적 대상과 내용을 다 없애버린다고 가정해보자. 이제 남는 것은 틀, 즉 형식밖에 없을 것이다. 결국 어떤 법칙이 보편적일 수 있으려면 내용에 기대어서는 불가능하고, 형식을 통해서만 가능하다는 결론이 나온다. 그리고 앞서 살펴본 것을 적용해보면 이렇게 질료를 떼어내려면 가언 명령이 아닌 정언 명령이 되어야 할 것이다. 구체적 내용 없이 단지 형식만 남은 규칙일 경우에만 이성적 인간은 자신의 주관적-실천적 원리인 준칙을 동시에 보편적인 법칙으로 인정할 수 있을 것이다. 구체적 내용이 들어가면, 즉 질료가 포함되면 그 질료는 사람마다 다를 수밖에 없으므로 보편적이기 어렵다.

정리해보면 질료를 전제하는 실천 원칙이 도덕 법칙이 될 수 없는 것은 두 가지 이유 때문이다. 첫째, 이러한 실천 원칙은 경험적이라서 필연성을 확보할 수 없다. 실천 원칙이나 규칙과 관련하여 질료라는 말은 결국 원하는 결과나 대상을 뜻한다. 그런데 어떤 대상을 원하는 욕구가 규칙에 앞서 있으면서 이 규칙을 선택하게 하는 조건으로 작용할 때 이 규칙은 경험적이라고 말할 수 있다. 왜냐하면, 이 경우 내 의지는 현재 바라고 있는 대상을 실현함으로써 느낄 즐거움을 추구하고 있기 때문이다. 그러나 그 대상이 반드시 즐거움을 줄지는 미리 알 수 없다. 기대는 실제 경험에서 얼마든지 빗나갈 수 있다. 실제 경험에서는 우연적인 일이 많으므로 필연성을 확보할 수 없는 것이다. 예를 들어 "반에서 1등을 하기 위해서는 하루 4시간만 잠을 자라"는 원칙을 보자. 이 규칙에서 반에서 1등을 한다는 결과가 바로 질료의 역할을 하며, 그 결과를 원하기 때문에 이 규칙을 선택한 것이다. 그러나 실제로 반에서 1등을 했을 때 반드시 만족스럽고 즐거울지 알 수 없다. 아직 전교 1등이 아니라는 것 때문에 불만족스러울 수도 있고 별로 기쁘지 않을 가능성을 완전히 배제할 수 없을 것이다.

둘째, 이러한 실천 원칙은 보편성을 확보할 수 없다. 즐거움과 고통은 미리 정할 수 있는 것이 아니라 어떤 상황을 경험해보아야 느낄 수 있는 것이다. 그런데 유사한 경험을 하더라도 사람마다 느낌은 다를 수 있다. 그러므로 이런 원칙은 직접 즐거움과 고통을 느끼는 본인에게는 충분히 준칙 역할을 할 수 있지만, 법칙은 될 수 없다. 모든 사람이 똑같이 느낀다는 보장이 없기 때문이다. 예를 들어, 모든 학생이 반에서 1등을 해야 즐거움을 느끼는 것은 아니다. 어떤 학생은 등수와 관계없이 향상되었다는 사실 자체에서 더 큰 즐거움을 느낄 수도 있을 것이다. 그러므로 이러한 원칙들이 줄 수 있는 보편성은 기껏해야 조건적인 보편성, 제한이 있는 보편성일 따름이다. 왜냐하면 이런 실천 원칙의 질료, 다시 말해 이런 실천 원칙이 추구하는 목표는 항상 주관적 조건에 의존하는데 이 주관적 조건은 사람마다 다를 수밖에 없기 때문이다. 그래서 내가 이것 또는 저것을 원할 때, 나는 그것을 실현하기 위해서 무엇을 행해야만 한다는 식의 조건적 보편성 외에는 어떤 보편성도 줄 수 없다.

그리고 한 걸음 더 나아가 무엇이 즐거움이나 고통을 주는지에 대해서, 그리고 심지어는 즐거움을 얻고 고통을 줄일 수 있는 수단에 대해서 이성적인 사람들의 의견이 실제로 일치한다 하더라도, 이렇게 자신의 즐거움을 추구하는 자기 사랑의 원리가 실천 법칙이 될 수는 없다. 왜냐하면 이런 일치는 단지 우연적인 것에 불과하기 때문이다. 앞으로도 계속 예외 없이 모든 사람이 일치하리라 보장할 수 있는 근거는 전혀 없다. 그러므로 주관적 필연성이 아니라 철저하게 객관적 필연성을 가져야 하는 실천 법칙은 경험에 의해서는 결코 성립될 수 없다. 설사 그 법칙이 경험적으로는 아무리 보편적인 듯 보이더라도 궁극적으로 한계를 가질 수밖에 없다. 사실 자연에 대해서도 진정으로 법칙이라는 이름이 붙으려면 단순히 확률적인 것으로는 부족하고 선험적으로 인식되거나 또는 선험적으로 객관적인 근거들에 의해 인식되어 필연성을 가져야 한다. 실천 법칙도 마찬가지이다. 모든 사람의 의견이 현재 일치하더라도 주관적 조건에만 근거한 것은 결코 법칙이 될 수 없다.

칸트에 의하면 도덕 법칙도 질료를 가질 수 있다. 모든 의지는 대상이나 목표를 가질 수 있다. 즉 모든 의지는 질료를 가질 수 있다. 그렇다고 해서 이 질료 자체가, 달리 말해 어떤 대상이나 결과를 얻으려는 목표 자체가 준칙을 정하는 근거나 조건이 될 경우, 그 준칙은 결코 도덕 법칙이 될 수 없다. 그 경우 원하는 대상을 얻고자 하는 기대가 의지를 규정하는 원인이 되므로 결국 우리 의지는 그 대상에 의존할 수밖에 없다. 이런 의존은 경험적 조건에서만 성립되기 때문에 결코 필연적이고 보편적인 규칙을 세울 수 있는 기초를 제공하지 못할 것이라고 칸트는 생각한다. 이타적 성격이 강해서 다른 사람의 행복을 의지가 추구하는 대상으로 삼을 때도 마찬가지이다. 타인의 행복을 목표로 삼을 수는 있으나, 준칙의 질료에 그쳐야지 준칙의 조건이 될 경우, 이타주의적 원칙일지라도 도덕 법칙이 될 수는 없다. 타인의 행복이 준칙의 질료에 그쳐야지 준칙의 조건이 되어서는 안 된다. 도덕 법칙은 질료를 그 속에 담아내어 우리 의지에 원하는 결과와 대상을 제시할 수는 있지만, 그 질료 자체가, 달리 말해 원하는 결과나 대상 자체가 법칙의 전제나 조건이 되지 않아야 성립한다. 결국 도덕 법칙을 법칙으로 성립시키는 것은 형식이다.

물론 질료가 행복이고, 타인의 행복도 이 질료에 포함될 때 객관적 실천 법칙이 성립할 수 있다. 그러나 이 경우에도 타인의 행복이라는 목적, 즉 질료 자체가 이 법칙을 객관적 법칙으로 만드는 것은 아니다. 타인의 행복이 모든 사람이 추구하는 대상이므로 이 법칙이 객관적인 것이 아니라 나의 자기 사랑의 준칙을 타인의 행복에까지 확장하는 것이 언제 어디서든 마땅하며 누구라도 그런 책임감을 느껴야 한다는 점 때문에 객관적 법칙이 되는 것이다. 행복이라는 결과가 의지를 정해준 것이 아니라 누구든 마땅히 지켜야 한다는 법칙으로서의 형식이 의지를 정해주었기 때문에 법칙이 될 수 있는 것이다.

이처럼 오직 형식에 의해서만 법칙이 성립할 수 있으므로 도덕 법칙은 자연스럽게 자유와 연결된다. 법칙의 형식적 측면은 구체적인 경험 내용과는 상관이 없으므로 오직 이성에 의해서만 생각될 수 있다. 그러므로 감각기관의 대상이 아니고 당연히 자연 현상에 속하는 것도 아니다. 그러므로 법칙의 형식만이 우리 의지를 정해주는 근거가 된다는 점 때문에 자연에서 인과 법칙에 따르는 사건을 정해주는 근거와는 상당히 다르다는 것을 바로 알 수 있다. 그리고 법칙을 정해주는 보편적 형식 이외에는 어떤 것도 법칙의 근거가 될 수 없다면, 이러한 법칙을 지키고자 하는 의지는 자연 법칙, 곧 자연 현상들 사이의 인과 법칙과는 전혀 다른 것이며 거기에서 독립된 것으로 생각해야 할 것이다. 이러한 독립성을 일컫는 말이 바로 초월적 의미의 자유이다. 준칙이 가진 법칙 수립적 형식만으로 이를 법칙으로 지키고자 하는 의지가 바로 자유 의지이다.

이 도덕 법칙은 얼마나 신성한 것일까? 도덕 법칙은 인간만이 아닌 신조차도 따라야 할 절대적인 성격이 있다고 칸트는 본다. 윤리성을 가진 이 원리는 이성에 기초하기 때문에 모든 이성적 존재자를 위한 법칙일 수밖에 없다. 그러므로 이 원리는 단지 인간에게만 국한된 것이 아니라, 이성과 의지를 가진 모든 유한한 존재자에게도, 아니 더 나아가서 최상의 예지자로서 무한한 존재자에게도 함께 유효하다. 물론 앞서 보았듯이 인간에게는 도덕 법칙이 명령의 형식을 가질 수밖에 없다. 그래서 우리는 이 법칙을 지켜야 할 책임을 지게 된다. 이때 책임을 진다는 것에는 강제가 포함되므로, 이것이 도덕 법칙의 준수가 우리의 의무임을 알려주는 표시가 된다. 그러나 신과 같은 완전히 자족적인 예지자의 경우는 아마도 그의 의지 자체가 객관적 법칙이 될 수 있을 것이다. 그의 준칙이 객관적 법칙에 어긋날 가능성을 상상하기 어렵다. 그 때문에 그가 신성하다라는 생각은 예지자를 실천적으로 제한적인 법칙과 그와 연관된 책임과 의무라는 한계는 벗어날 수 있게 하지만 실천 법칙 자체를 넘어선 존재로 만들어주지는 않는다. 이러한 신의 의지는 본보기가 될 수밖에 없는 실천이기 때문에, 이 본보기를 계속해서 닮아가는 것이 모든 유한한 이성적 존재자가 할 수 있는 유일한 일이라고 칸트는 생각한다.

도덕 법칙의 원천

우리는 일상적으로 도덕 법칙에 따라 행위하는 것이 사실이다. 거짓말하지 말라는 것을 도덕 법칙으로 의식하기 때문에 거짓말하지 않으려고 노력하고, 거짓말하면서도 양심의 가책을 느낀다. 그렇다면 도덕 법칙은 과연 어디에서 올까? 도덕 법칙의 원천은 무엇일까? 종교가 지배하던 시대에는 도덕 법칙은 신이 준 것, 혹은 초자연적인 것으로 보는 관점이 지배적이었다. 그러나 칸트의 결론은 다르다. 도덕 법칙은 인간의 이성에 기초한 것이기 때문이다. 인간은 한편으로 자연의 지배를 받는 동물이지만 다른 한편으로 자연의 법칙을 넘어설 수 있는 자유를 가진 존재이다. 자유는 인간에게 자연적 본능과 욕망을 넘을 수 있는 힘을 제공해준다. 이 힘을 통해 인간은 도덕의 세계를 추구할 수 있다. 그래서 도덕 법칙의 원천은 바로 인간의 이성이다. 인간의 이성은 그 자체로 실천적이며 도덕 법칙을 부여하는 힘이 있다.

그러므로 도덕 법칙은 자율적이다. 인간 이성이 스스로 부여했기 때문이다. 우리의 도덕적 의지는 다른 존재가 강요한 법칙을 억지로 지키는 것이 아니라 스스로 부여한 법칙을 의무라고 생각해서 자발적으로 지킨다. 이것이 바로 자율성이다. 자발적으로 도덕 법칙을 지키고 의무를 지키는 것이 아니라, 할 수 없이 타율적으로 도덕 법칙이나 의무를 지키는 것은 정말로 책임 있는 자세가 아니며, 설사 결과적으로 도덕 법칙을 지켰다 하더라도 진정으로 도덕적인 태도는 아니다. 인간은 자유로운 존재이므로 자기 스스로, 달리 말해 자율적으로 도덕 법칙을 지킬 때 신성한 주체가 될 수 있다.

물론 실제 현실의 인간은 한편으로 자연 법칙에 종속된 게 사실이다. 그래서 칸트에 따르면 인간은 양면적이다. 어떤 행위를 한편으로 자연 현상으로서 자연의 기계적인 인과 법칙에 따라 설명할 수 있다. 다른 한편으로 같은 행위를 자유롭고 도덕적인 존재인 행위자가 실천 이성에 의해 행위한 것으로 설명할 수 있다. 예를 들어 버스에서 나이 든 할머니에게 자리를 양보하는 행위를 보자. 한편으로 뇌가 명령을 내려서 근육을 움직여 자리에서 일어난 사건이라는 측면에서 자연 법칙에 따라 설명할 수 있지만, 다른 한편으로 편하게 앉아 있고 싶은 유혹을 이기고 노인을 공경하라는 의무를 지키기 위해 자리에서 일어난 것이기 때문에 충동에서 벗어나 자유롭게 행위한 것이라 설명할 수 있다. 행위만 두 측면에서 설명할 수 있는 게 아니라, 인간도 마찬가지이다. 인간은 한편으로 동물로서의 본능과 충동을 느끼지만 오직 거기에만 복종하는 게 아니라 다른 한편으로 자유롭게 도덕적 행위를 한다는 점에서도 양면적이다. 물론 인간이 항상 도덕적으로만 살 수는 없는 게 현실이기 때문에 한편으로 본능과 자연적 충동에 따라 행위할 수밖에 없다. 그러나 다른 한편으로 자유 의지에 따라 의무를 지키는 존재라는 점도 명백하다. 그러므로 인간은 현상의 자연 법칙, 곧 현상 서로간의 인과 법칙에서 완전히 독립된 의지, 곧 자유 의지를 가진 존재이다. 만약 내가 도둑질을 한 어떤 사람에 대해서, 이 행동은 인과의 자연 법칙에 따라서 앞선 시간의 원인으로부터 필연적으로 나온 결과이고, 그래서 그 행동이 일어나지 않는 것은 불가능했다고 말해보자. 그러면 도둑질을 하지 말아야 한다는 도덕 법칙도 무의미할 것이고 그를 비판하거나 처벌할 수도 없을 것이다. 우리는 그가 자연 법칙의 지배만을 받는 것이 아니라 다른 한편으로 자연 법칙을 벗어날 수 있는 자유 의지를 가진 존재로서 도덕 법칙을 지킬 수 있는 존재라고 보기 때문에 그를 처벌하는 것이다.

이처럼 인간은 한편으로는 자연 법칙을 벗어나서 자유의 법칙에 따라 행동할 수 있는 존재이지만 다른 한편으로는 감성적 세계 안의 현상에 속하는 존재이다. 도덕 법칙은 후자와 관련된 것은 아니다. 칸트에 의하면, 현상을 인식하기 위해 감각 속에 주어진 잡다한 자료를 결합하여 하나의 대상으로 인식하는 것은 이성의 이론적 사용과 관련된 것이다. 실천 이성의 활동은 오히려 잡다한 욕구를 종속시켜서 오직 의무만을 지키게 하는 것이다.

도덕 법칙은 바로 이러한 순수 실천 이성에서 나온다. 우리의 의지가 자연 법칙에 종속될 경우와 거꾸로 자연 법칙이 의지에 종속될 경우는 큰 차이가 있다. 전자의 경우는 자연적 욕망이 의지를 정해주는 경우이다. 이때는 특정한 욕망의 대상이 우리의 의지를 정해주는 원인이 된다. 예를 들어 밥을 먹고 싶다거나, 잠을 자고 싶다거나, 돈을 벌어서 그 돈으로 즐거움을 얻고 싶다는 욕망이 우리의 의지를 정하는 경우이다. 그러나 자연 법칙이 의지에 종속될 경우는 이와 반대이다. 의지가 자연적 욕망을 넘어서 자유롭게 도덕적 행위를 하는 경우이기 때문이다. 이 경우 행위를 일으키는 원인은 오직 의지이다. 행위의 원인에 어떤 감각적인 것도 끼어들지 않기 때문에 그 원인은 순수한 이성 능력 안에 포함되어 있고, 그 때문에 순수한 이성 능력을 또한 순수 실천 이성이라고 부를 수 있게 된다. 이 순수 실천 이성은 의지를 직접 규정하는 능력이다. 즐거움이나 고통의 감정에 의해 의지를 규정하는 게 아니고, 실천 법칙의 도움으로 의지를 규정하는 것도 아니다. 오직 스스로 의지를 규정하기 때문에 이 순수 실천 이성은 스스로 도덕 법칙을 수립하는 입법자의 성격을 가진다.

순수 실천 이성의 원칙과 이성의 사실

결국, 질료에 기초하는 실천 원칙으로부터는 도덕 법칙이 나올 수 없다는 것이 칸트의 최종 결론이다. 어떤 준칙이 도덕 법칙이 되기 위해서는 보편적 법칙이 될 만한 형식을 갖추고 있어야 한다. 따라서 구체적 내용, 즉 질료를 완전히 제거한 순수하게 형식적인 실천 원칙이 유일하게 도덕 법칙으로 적합하며 정언 명령이 될 수 있다.

이렇게 그 자체로 실천적인 이성이 스스로 수립한 법칙, 그래서 의지의 경험적 조건에서 독립되어 순수한 의지로, 달리 말해 법칙의 형식에 의해서만 규정되는 것이 진정한 도덕 법칙이다. 이러한 법칙만이 모든 준칙 위에 있는 최고의 도덕 법칙이 된다. 이런 최고의 도덕 법칙을 "순수 실천 이성의 원칙"이라 부를 수 있다. "너의 의지의 준칙이 항상 동시에 보편적 법칙 수립의 원리로서 타당할 수 있도록, 그렇게 행위하라"는 것이 바로 그 원칙이다. 이 원칙은 원하는 어떤 결과를 얻기 위해서 구체적으로 어떻게 행위해야 하는지를 알려주는 가르침이 아니다. 사실 원하는 결과를 얻으려면 그 규칙은 자연 법칙을 따라야 할 것이다. 그러나 이 원칙은 준칙을 형식적으로 규정하는 규칙이다.

그런데 중요한 것은 우리가 이런 근본 법칙을 이미 알고 있다는 사실이다. 다른 어떤 것의 도움을 받지 않고 직접 이런 근본 법칙을 알고 있다. 우리가 이렇게 근본 법칙을 알고 있는 것은 "이성의 사실"이다. 어떤 경험을 통해 알려지는 사실이 아니라 이성 자체가 근원적으로 법칙 수립적임을 우리는 의식하고 있다.

도덕 행위에서 무조건 실천해야 할 것에 대한 우리의 인식은 어디에서 출발할까? 자유에서 출발할까, 실천 법칙에서 출발할까? 그런데 자유에서 출발할 수는 없다. 출발점은 실천 법칙이다. 왜냐하면, 자유를 처음부터 직접 인식할 수 없기 때문이다. 우리의 직접적 경험은 자연 현상의 법칙만을 인식할 수 있다. 즉 자유와는 반대되는 자연의 기계적인 법칙만을 인식할 수 있다. 그러다 보니 우리 경험으로부터는 자유를 추리할 수 없다. 그래서 직접 의식되는 것은 도덕 법칙이다. 도덕 법칙은 우리에게 맨 처음에 주어지는 것이다. 이성은 도덕 법칙이 어떠한 감성적 조건에 의해서도 지배되지 않는 것이며 경험적인 것으로부터 완전히 독립된 것임을 보여줌으로써 자유란 개념에 도달한다. 그렇다면 저 도덕 법칙에 대한 의식은 어떻게 가능할까? 그것은 어떤 다른 추론이나 논증 없이 직접 의식된다.

도덕 법칙을 직접 의식하고 있다는 이성의 사실을 부정할 수 없는 근거는 사람들이 자기 행위의 도덕성과 관련해서 내리는 판단을 보면 잘 알 수 있다고 칸트는 주장한다. 예를 들어보자. 만일 자신의 성적 취향에 맞아서 성적 욕망을 자극하는 상대를 발견했다고 해보자. 그런데 그 상대와 성적 관계를 맺어 자신의 욕망을 충족할 기회가 왔고, 도저히 성적 욕망을 참을 수가 없다며 변명한다고 해보자. 그런데 이 성적인 욕망을 채운다면 쾌락을 누린 후 나를 매달 교수대가 집 앞에 설치된다고 해도, 과연 나는 욕망을 억제하지 못할까? 어떻게 선택할지는 별로 오래 생각할 필요가 없을 것이다. 그러나 내가 왕정 시대에 살고 있는데 나를 사형시키겠다고 위협하면서 왕이 파멸시키고 싶어하는 어떤 정직한 사람에 대해서 그럴듯한 거짓말로 위증을 하라고 요구하면 이 부당한 요구에 대해서 어떻게 대처할까? 자신의 목숨에 대한 애착이 너무나 클 것인데 과연 그런 애착을 극복할 수 있을까? 아마도 이 경우 쉽게 대답하기 어려울 것이다. 왜냐하면 나의 목숨에 대한 애착을 버리면서도 거짓말하지 않고 버틸 가능성을 배제할 수는 없기 때문이다. 이런 상황이 일어날 수 있다는 점을 왜 인정하는 것일까? 나는 무언가를 해야 한다고 의식하기 때문에 그것을 할 수 있다고 판단하며, 도덕 법칙이 아니었더라면 알려지지 않은 채로 있었을 자유를 자신 안에서 의식하기 때문이다.

모순율이 스스로 자명하므로 이를 기초로 다른 모든 논리적 인식의 참을 보장하듯이 모든 실천 행위는 이성의 사실로서의 이 실천 이성의 원칙에 의해서 그 행위가 선하다는 것을 보증받을 수 있다. 그러므로 추구할 목표로서의 선의 개념이 도덕 법칙을 규정하고 가능케 하는 것이 아니라, 오히려 거꾸로 도덕 법칙이 비로소 선의 개념을 규정하고 가능하게 한다. 얼핏 보면 선악의 개념이 도덕 법칙의 기초에 있어야 할 것 같지만, 사실은 선악의 개념이 도덕 법칙에 앞선 것이 아니라 도덕 법칙 다음에 있으며, 그래서 도덕 법칙을 가지고 규정할 수밖에 없다. 만약 선이라는 개념이 앞서 있는 실천 법칙에서 나오는 것이 아니라 오히려 이 법칙의 기초가 되어야만 한다면,

선 개념은 단지 선하게 행동하면 즐거움이 올 것을 약속해주고 이를 통해 즐거움을 얻기 위해 선한 행위를 하도록 만드는 개념이 되어 우리의 욕망을 규정하는 개념에 불과해질 것이다.

행복이 도덕의 토대가 될 수 있을까

도덕 법칙과 행복의 관계

질료적 실천 원칙은 모두 한 종류이다. 모두 자기 자신을 사랑하고 자신의 행복을 추구하는 것이 가장 기본적인 요소이기 때문이다. 행복은 우리가 살아가면서 고통 없이 쾌적하고 즐거운 삶을 살고 있다는 것을 느낄 때 성립한다. 우리는 왜 행복을 최고의 목표로 놓고 삶을 살아갈까? 바로 내 삶이 가장 중요하다고 생각하면서 자신을 사랑하기 때문이다. 어떤 사물이나 대상을 원하는 것도 결국에는 그것을 통해 행복을 얻어 내가 잘 살려는 것이다. 공부를 잘하려는 것도 칭찬받고 인정받음으로써 즐거운 마음이 생기고 이를 통해 행복감을 느끼기 위한 것이다. 돈을 많이 벌려는 것도 내가 원하는 것을 마음껏 사서 쓸 수 있으므로 그 과정에서 즐거움을 얻고 이를 통해 행복감을 느끼고자 하는 것이다. 결국 수단과 방법이 어떠하든 행복을 추구하는 규칙은 모두 같은 종류의 규칙이라고 볼 수 있다.

사실 인간이면 누구나 자신의 행복을 원하는 것은 당연하다. 고통을 피하고 즐거움을 얻고자 하는 것이 본능이기 때문에, 우리가 행복을 추구하는 것은 너무도 자연스러운 것이다. 우리는 유한하므로 무엇인가를 필요로 하지 않을 수 없다. 무한한 존재가 있다면 그는 모든 것을 필요한 만큼 다 갖추고 있을 터이니 더 원하고 요구할 필요가 없을 것이다. 그러나 인간은 유한한 존재이기 때문에 부족한 데에서 오는 고통을 항상 겪는다. 당장 먹을 게 없어 배가 고프면 고통스러워서 음식을 원하게 된다. 그리고 충분한 음식을 섭취해서 배가 부르게 되면 행복감을 느끼게 된다. 이처럼 행복은 원하는 대상을 얻을 때 느끼는 감정이기 때문에 사람마다 행복을 얻는 방법이 다르다. 원하는 것이 다르기 때문이다. 그리고 원하는 것이 다른

쾨니히스베르크에 있는 칸트의 기념 동상.

이유는 현재 부족한 것이 사람마다 다르기 때문이다. 공부하는 학생은 성적을 잘 받으면 행복해하지만 운동 선수는 금메달을 따면 행복해한다. 이처럼 행복은 누구나 원하는 것이며 모두가 추구하는 것이지만 실제로는 행복을 얻는 과정이 모두 다르므로 행복을 얻기 위해 모두에게 공통으로 요구되는 것은 없다. 그래서 행복은 보편성과 필연성을 줄 수 없다고 칸트는 생각한다. '행복을 추구하라'는 규칙은 공유하지만 모두 제각기 다른 것을 추구하기 때문에 꼭 한 가지만 추구하라고 할 수 없기 때문이다. 부모님은 학생에게 공부를 잘하면 행복해진다고 말하지만, 학생은 행복은 성적순이 아니라고 답한다. 그러므로 사실은 서로 다른 것을 추구하면서 '행복'이라는 같은 말을 쓰고 있는 것이 현실이기 때문에 행복은 도덕 법칙의 근거가 될 수 없다. 모두가 각각 행복을 추구하다 보니 행복 추구가 각자에게 주관적으로는 필연적인 법칙일지 모르지만, 실제 추구하는 구체적인 내용은 사람마다 다르므로 객관적으로는 아주 우연적인 원리에 불과하다는 것이 칸트의 분석이다. 각자 즐거움과 고통을 느끼는 경우가 다 다르고, 개인도 감정이 변하기 때문에 어제 행복을 주던 대상이 오늘은 행복을 주지 못할 수도 있다. 처음에 반에서 1등 하면 정말 행복하고 기쁘지만, 매번 1등을 하면 이제 반에서 1등 하는 정도로는 만족하지 못하고 전교 1등을 바라게 된다. 그래서 반에서 1등 하면서도 큰 행복감을 느끼지 못하게 될 수도 있다.

그러므로 행복의 내용을 무엇으로 정하더라도 행복 자체를 내세워서는 결코 도덕 법칙에 이를 수 없다. 행복을 추구하기 위해서는 내게 부족한 것을 채우면서 즐거움과 만족을 추구하게 된다. 그런데 내게 부족한 것을 원하면서 그것을 직접 얻고자 하는 것은 낮은 수준의 욕망이다. 높은 수준의 능력은 이와는 다르다. 즐거움이 감각적인가 정신적인가는 중요하지 않다.

칸트가 보기에 감각적 즐거움은 낮은 것이고 정신적 즐거움은 높은 것이라는 생각은 오해이다. 감각적 즐거움이건 정신적 즐거움이건 즐거움이란 차원에서는 차이가 없다. 즐거움을 주는 원인이 다르다고 해서 서로 크게 다른 것은 아니다. 양쪽 다 가능하면 많은 즐거움, 가능하면 강렬한 즐거움을 느끼고자 하는 측면에서는 똑같다. 정신적 즐거움도 비록 감각적 쾌락과는 분명 다르기는 하지만 우리 마음이 즐거움을 느낀다는 점에서는 크게 다를 바 없다. 감각의 대상이건 정신의 대상이건 여하튼 어떤 대상에 의해서 즐거움을 느낀다는 점에서는 완전히 같다. 그리고 몸의 감각기관이 느끼건 마음이 느끼건 무엇인가를 느낀다는 점에서도 서로 다르지 않다. 그래서 우리는 실제로 감각적 즐거움과 정신적 즐거움을 같은 차원에서 같은 기준으로 비교해서 평가하고 있다. 감동적인 강연을 듣다가 중간에 포기하기 싫어서 대신 식사 시간을 포기할 수도 있다. 도박에 빠져 평소에는 매우 높이 평가하던 이성적이고 고상한 대화의 즐거움을 포기할 수도 있다. 사냥하러 가는 기회를 잃지 않기 위해 다시는 얻기 힘든 책을 읽지 않은 채 돌려줄 수도 있다. 심지어 돈이 모자라다 보니 재미있는 연극 입장권을 사기 위해 평소 기꺼이 적선하던 가난한 사람을 외면할 수도 있다.

결국 우리가 원한 것이 즐거움을 추구하거나 고통을 피하는 것이었다면 그 즐거움과 고통이 어떤 종류인지는 중요하지 않다. 감각적이건 정신적이건 그것이 얼마나 강하며, 얼마나 길며, 얼마나 쉽게 얻어지며, 얼마나 자주 반복되는가만 중요하다. 즐거움을 원한다면 그 누구도 그것이 정신적이냐, 감각적이냐 묻지 않고 얼마나 오랫동안 얼마나 많이 얼마나 큰 즐거움을 주는지만 묻는다. 따라서 자기 행복을 추구하는 원칙은 지성이나 이성과 아무리 밀접하게 관계 맺더라도 우리 의지에 대해서는 낮은 수준의 욕망에 적합한 요소 외에는 다른 요소를 포함하지 않는다. 그러므로 칸트에 의하면 남은 선택지는 둘 중 하나이다. 행복조차 낮은 수준의 욕망 능력과 관련된 것이라면 아예 높은 수준의 욕망 능력은 없거나 아니면 순수 이성이 독자적으로 실천적이거나 둘 중 하나라는 것이다. 순수 이성이 독자적으로 실천적이라는 것은 어떠한 감정의 전제 없이도, 구체적으로는 욕망 능력의 질료인 즐거움이나 고통의 감각 없이도 실천 규칙의 형식만으로 의지를 규정할 수 있다는 것이다. 이렇게 욕망의 작용 없이 독자적으로 의지를 규정하는 한에서 이성은 다른 욕망 능력을 지배하는 진정한 높은 수준의 능력이며 다른 욕망 능력과는 전혀 종류가 다른 특수한 종류의 능력이 된다. 이런 독자적이고 법칙 수립적인 이성의 능력에 대해서는 앞에서 이미 논의했다.

이렇게 보면 자기 행복을 추구해야 한다는 원칙이 우리의 의지를 규정할 때 도덕 법칙이 규정할 경우와는 정반대의 상황이 벌어진다. 도덕 법칙과 자기 사랑의 경계는 이처럼 분명하고 뚜렷해서, 아주 평범한 사람의 눈으로도 어떤 것이 도덕에 속하고 어떤 것이 자기 사랑에 속하는지를 정확하게 구별해낼 수 있다고 칸트는 생각한다. 예를 들어보자. 만일 내가 정말 좋아하는 친한 친구가 거짓 증언을 하면서 다음과 같이 자기를 정당화한다고 해보자. 그는 우선 자기 행복을 추구하는 게 신성한 의무라고 전제하고, 다음으로 거짓 증언을 할 때 얻을 이익을 열거한 다음, 어떤 경우에도 발각되지 않기 위해 나를 자신의 알리바이에 참여하게 하여 내가 비밀을 발설하지 못하도록 알리바이를 조작했다고 해보자. 그러고는 이런 과정이 신성하고 참된 인간의 의무를 다 수행한 것이라고 자부한다고 해보자. 나는 어떤 반응을 보일까? 아마도 그를 대놓고 비웃거나 아니면 그가 혐오스러워서 자리를 피할 것이다. 나아가 누군가가 자신의 원칙을 자기 이익에만 맞추어 세운다면 그 구체적 내용에 대해서 잘 반박하지 못하더라도 같은 반응을 보일 것이다. 또 다른 예를 보자. 누군가가 나에게 무조건 믿고 일을 맡길 수 있는 사람을 집사로 추천하면서 신뢰감을 불어넣기 위해 다음과 같은 내용의 칭찬을 한다고 해보자. 그

집사는 자신의 이익을 완벽하게 챙기는 영리한 사람이고, 자신이 이익을 얻을 기회를 이용하지 못한 채 놓치는 경우는 생각할 수 없는 부지런한 사람이다. 그는 돈만 밝히는 야비한 사람이 아니라 공부를 하고 지적인 교제를 즐기고 심지어 가난한 사람을 위한 자선에서 즐거움을 찾는다. 그러나 그는 목적을 이루기 위해 어떠한 수단도 선택하는 사람이라서 필요하면 남의 돈과 재산을 마치 자기 것인 듯 쓴다. 만일 이러한 칭찬을 들으면 나는 어떤 반응을 보일까? 아마도 그 추천인이 당신을 놀리고 있거나 아니면 미친 사람이라고 생각할 것이다. 이처럼 윤리성과 자기 사랑의 경계는 누구나 쉽게 알 수 있는 것이다.

행복이 도덕의 토대가 될 수 없는 이유

칸트는 자신의 행복을 목표로 삼는 곳에는 윤리가 성립할 수 없다고 자신 있게 주장한다. 행복을 누릴 수 있는지 아닌지에 관계없이 의무를 지키며 도덕적으로 살 것을 요구하는 이성의 목소리는 가장 평범한 사람조차 명료하게 들을 수 있을 만큼 분명하다. 앞의 예에서 보았듯이 자신의 행복만을 추구할 때 도덕과는 전혀 다른 방향으로 가게 된다는 점은 조금만 생각하면 명확하다. 이 점을 더 분명하게 정리해보자. 자기 행복을 추구하는 것과 윤리적으로 행동하는 것이 본질적으로 다르다는 것을 칸트는 최소한 네 가지 근거를 들어 증명한다.

첫째, 행복이 무엇인지에 대해 사람들은 제각기 다르게 생각하기 때문에 행복은 누구나 지켜야 할 도덕 법칙의 근거가 되기에는 적합하지 않다. 행복을 추구하기 위해 각자 자기만의 규칙을 세울 수 있다. 그러나 추구하는 행복의 내용이 아무리 비슷해도 누구나 반드시 지켜야 할 도덕 법칙을 행복으로부터 얻을 수는 없다. 행복한지 아닌지에 대한 실제 판단이 사람마다 너무 다르기 때문이다. 어떤 사람은 라면 한 그릇을 먹으면서도 행복하다고 느끼지만 어떤 사람은 산해진미를 놓고도 행복을 느끼지 못할 수도 있다. 물론 대부분을 행복하게 해주는 일반적 요소가 있을 수 있다. 행복해지기 위해 더 깊은 지식을 추구하기도 하고 더 높은 지위를 추구하기도 하며 더 많은 재산을 추구하기도 한다. 그러나 이런 일반적 경향 정도로는 도덕의 근거를 마련할 수 없다. 왜냐하면 도덕이란 인간이라면 누구나 무조건 지켜야 하는 의무이기 때문이다. 행복을 추구하기 위해 우리가 갖는 규칙들은 다수에게 흔하게 나타나는 것이기는 하지만 항상 무조건 지켜야 하는 규칙은 아니다. 사람마다 다를 수 있는 규칙이다. 모든 사람이 행복을 추구하기는 하지만 행복의 내용이나 행복을 얻는 방법이 똑같지 않은 것이 현실이다. 그러므로 인간이라면 누구에게나 요구할 수 있는 도덕적 의무와 법칙을 행복에서 끌어낼 수는 없다. 행복을 얻기 위해서는 이렇게 하는 것이 좋겠다고 충고할 수 있지만 무조건 이렇게 하라고 명령할 수는 없다. 그 명령을 따른다고 행복해진다는 보장이 없기 때문이다. 그러나 도덕 법칙은 이렇게 행하라고 명령하는 것이기 때문에 행복은 도덕 법칙의 근거가 될 수 없다.

둘째, 행복에 이르는 방법은 누구나 알 수 있는 것이 아니기 때문에 누구나 마땅히 지켜야 할 도덕 법칙의 목표가 될 수 없다. 도덕적으로 살기 위해서 무엇을 해야 하는지는 평범한 사람도 누구나 쉽게 깨달을 수 있다. 그러나 행복을 얻기 위해서 무엇을 해야 하는지는 평범한 사람이 누구나 쉽게 알 수 있는 것은 아니다. 세상의 이치에 대한 지식과 다양한 경험을 가져야 비로소 알 수 있는 것이기 때문이다. 실제로 무엇이 의무인지는 누구나 기본 교육만 받으면 명확하게 알 수 있다. 내가 버스에 앉아 있는데 몸이 불편한 노인이 탈 경우, 자리를 양보해주어야 한다는 것은 누구나 명확하게 알 수 있는 것이다. 그러나 무엇이 실제로 행복을 가져다줄지, 무엇이 나에게 계속 이익을 줄 수 있을지는 누구나 명확하게 알 수 있는 것은 아니다. 더군다나 나의 전 생애를 통틀어 무엇이 이익이 될지 판단하는 것은 정말 어렵다. 영리하게 요모조모 따져야만 겨우 답이 나오며, 그 답도 정말 옳은 답인지 판정하기가 쉽지 않다. 어떤 직업을 택하는 것이 정말 나에게 행복을 가져올지, 어떤 배우자와 결혼하는 것이 나에게 행복을 가져올지에 대해서 얼마나 많은 사람이 적절히 판단할 수 있을지 불확실하다. 행복이라는 목적을 이루는 방법을 깨닫기 위해서는 엄청나게 영리해야 한다. 그러나 도덕 법칙은 지적 능력에 상관없이 똑똑한 사람에게나 둔한 사람에게나 똑같이 명령한다. 거짓말하지 말라는 도덕 법칙은 영리함에 상관없이 의무로 다가온다. 의무가 무엇인지, 도덕 법칙에 따라서 어떤 행위를 해야 하는지 깨닫는 것은 어려운 일이 아니므로 가장 평범한 사람도, 수준 높은 교육을 받지 못한 사람도 아무런 훈련이 없는 사람도, 또 세상일에 영리함이 없는 사람도 누구나 알 수 있다. 반면에 행복에 이르는 길이 무엇인지는 영리함 없이는 알 수 없으므로 행복은 누구나 지켜야 할 도덕 법칙의 목표가 될 수 없다.

셋째, 행복은 얻는 방법을 알기도 어렵지만, 그 길을 안다고 해도 실제로 그 길을 따라가서 행복을 성취하려면 큰 힘과 능력을 갖추어야만 한다. 그런데 이런 힘과 능력을 갖춘 사람은 극소수이므로 행복은 누구나 지켜야 할 도덕 법칙의 목표가 되기에는 부적합하다. 반면에 도덕 법칙을 따르는 것은 의무를 지키겠다는 마음만 먹으면 언제든지 누구에게나 가능한 일이다. 예를 들어 거짓말하지 않고 진실을 말하는 데 큰 힘과 능력이 필요한 것이 아니다. 그냥 마음만 먹으면 되고 의무를 지키기만 하면 되기 때문이다. 그러나 행복해지는 방법과 규칙을 안다고 해도 이를 실제로 따르고 실천하는 것은 누구나 가능한 일이 아니다. 힘과 능력이 없으면 행복에 다다를 가능성이 줄어든다. 돈이 행복의 토대라고 하더라도 누구나 돈을 많이 벌 수 있는 것이 아니며, 지위가 행복의 토대라 하더라도 누구나 높은 지위에 오를 수 있는 것은 아니다. 심지어 마음의 평안이 행복의 토대라 하더라도 누구나 쉽게 마음의 평안에 이를 수 있는 것은 아니다. 행복은 그냥 실현되지 않는다. 행복을 얻기 위해서는 원하는 대상을 실제로 얻을 힘과 능력이 있어야 하기 때문이다. 그러나 도덕 법칙의 경우에는 무조건 의무를 지키라고 명령하는 것이 합리적이다. 도덕적 의무와 개인의 욕망이 충돌할 때, 사람들이 처음에는 의무를 지키려고 하지 않지만 이는 의무를 지킬 방법을 몰라서 그런 것이 아니다. 마음만 달리 먹으면 언제든지 의무를 지킬 수 있다. 의무를 지킬 방법을 따로 배울 필요는 없는 것이다. 그러나 행복을 위해서 어떤 것을 원할 때는 그것을 얻을 방법도 알아야 하지만 그 방법을 실현할 힘을 갖지 못하면 행복에 도달할 수가 없다. 다음의 예를 보면 행복과 도덕 법칙이 전혀 별개의 차원임을 잘 알수 있다. 노름에서 돈을 잃은 사람은 아마도 자신이 영리하지못하고 능력이 부족해서 행복에 도달하지 못한 것에 대해 화를 낼 것이다. 그러나 놀음에서 속임수를 쓴 사람은 비록 돈을따서 목표를 이루고 행복할지 모르지만 다른 한편으로 자신이부도덕한 속임수를 썼다는 부끄러움을 가질 수밖에 없을 것이다. 이는 행복과 도덕 법칙은 차원이 달라서 행복은 도덕 법칙의 목표나 근거가 될 수 없음을 잘 보여준다.

넷째, 처벌 문제와 관련해서도 행복과 도덕 법칙은 별개의차원임이 잘 드러난다. 도덕 법칙을 어긴 사람은 벌을 받아야한다는 것이 우리의 상식이며, 양심의 목소리이다. 그런데 처벌 문제와 관련해서 행복은 아무런 역할을 할 수 없다. 벌을 주는 사람이 개인적으로 처벌을 통해 단기적으로는 고통을 주지만 장기적으로는 벌받는 사람의 행복을 증진하려는 목적이 있다고 해도, 벌은 벌 자체로서 의미가 있는 것이지 행복을 위한수단이기 때문에 의미가 있는 게 아니다. 벌받는 사람에게는벌은 벌로서 불쾌한 경험일 따름이다. 그리고 자신을 처벌하는사람이 자신을 행복하게 하기 위한 호의를 갖고 있다는 사실을 모른다고 해도 벌은 벌 자체로서 정당한 것이며, 자신이 한 잘못에 합당하기만 하면 벌받는 사람도 인정할 것이다. 행복을 처벌의 목표라고 해보자. 처벌한 결과가 좋으면 그 벌은 합당하고 결과가 좋지 않으면 합당하지 않아야 할 것이다. 그러나 이는 잘못된 접근이다. 벌은 결과에 상관없이 지은 잘못에 합당하게 내려져야 하기 때문이다. 가벼운 죄를 지었으면 가벼운 벌을 받아야 하고, 무거운 죄를 지었으면 무거운 벌을 받아야 정의가 실현된다. 처벌받는 자의 행복을 고려한다면 처벌받는 사람의 특성이나 주위 사람의 평가에 따라 같은 죄를 지은 사람에게 다른 처벌을 내려야 할 것이다. 그러나 같은 죄를 지은 사람에게 서로 다른 처벌을 내리는 것은 정당화하기 어렵고 실제 각각의 처벌이 행복에 이르게 한다는 보장도 없다. 그러므로 자기 행복의 원리는 처벌의 기준이 될 수 없다.

도덕 감정에 대하여

행복이 도덕 법칙을 규정하지 못하는 것이 당연한 것과 마찬가지로 그 외 다른 어떤 특수한 도덕 감정이나 감각이 있어서 이것이 도덕 법칙을 규정한다는 생각도 잘못된 것이라고 칸트는 단언한다. 이런 생각을 하는 사람은 선악이 바로 이런 도덕 감정에 의해서 정해진다고 전제한다. 우리 마음에 직접 즐거움이나 만족을 주는 것은 선이며, 우리 마음에 불안이나 고통을 주는 것은 악이라는 것이다. 그래서 도덕 감정을 내세우는 쪽은 결국 모든 게 자기 행복을 바라는 욕망에서 비롯한다고 본다.

그런데 도덕 감정을 내세우는 주장은 논리적으로는 선결 문제 요구의 오류와 비슷한 오류를 범하고 있다고 칸트는 비판한다. 만일 악한 일을 한 사람이 스스로 죄를 저질렀다는 생각 때문에 불안한 마음에 시달리며 고통을 받고 있다고 해보자. 그러기 위해서는 우리는 그 사람 인격의 근본 바탕에는 이미 도덕적으로 선한 마음이 최소한 어느 정도는 있어야 한다고 먼저 가정하지 않을 수 없다. 이런 마음이 없다면 죄를 저지른 것 때문에 불안해하는 일 자체가 없을 것이기 때문이다. 또한 의무에 맞는 착한 일을 할 때 기쁨을 느끼는 사람은 애초부터 착한 사람으로 생각할 수밖에 없다. 그러므로 도덕성과 의무의 개념은 어느 경우든 만족을 느끼는 것 이전에 앞서 있었던 것이 분명하고, 만족으로부터 끄집어낼 수 있는 것이 결코 아니다.

사람이 도덕 법칙에 맞게 행위했다는 생각에서 스스로 만족감을 느끼고, 도덕 법칙을 어긴 것에 대해 자책하면서 스스로 쓰라린 꾸짖음을 느끼기 위해서는 의무가 얼마나 중요한지, 도덕 법칙이 얼마나 존엄한지, 그리고 도덕 법칙을 지키는 것이 얼마나 자신에게 가치 있는 것인지를 먼저 깨달아야 한다. 만족감이나 불안감을 이러한 도덕적 책임에 대한 인식에 앞서서 느끼고, 이러한 느낌을 책임의 기초로 삼을 수는 없다는 것이 칸트의 분석이다. 물론 도덕 감정 따위가 전혀 없다고 주장하려는 것은 아니다. 그런 감정이 존재하는 것은 사실이다. 그러나 중요한 것은 도덕 감정이 도덕 법칙의 근거가 될 수는 없다는 것이다. 오히려 도덕 감정이라고 부를 만한 감정을 근거 짓고 개발하는 것이 우리의 의무에 속하는 것이다. 그러므로 의무가 이런 감정에서 나올 수는 없는 것이다.

도덕의 토대, 자유

자유가 얼마나 중요한가

자유야말로 칸트 철학 전체의 마룻돌에 해당한다. 실천 이성의 도덕 법칙을 통해 자유가 존재한다는 것이 증명되지만, 그렇다고 해서 자유가 실천 이성에만 관련되는 것은 아니다. 이론 이성과 실천 이성이 포함된 전체 체계를 하나의 건물로 볼 때 자유는 그 건물의 마룻돌에 해당한다. 이론 이성에서는 아무런 근거 없이 공허한 이념에 불과한 것으로 남게 되었던

'신'이나 '영혼의 불멸성' 같은 개념이 자유와 연결되면서 자유와 함께 그리고 자유를 통해 비로소 성립되고 의미 있는 개념이 된다. 자유가 현실적으로 존재한다는 사실에 기초하면 이러한 개념도 성립할 수 있음이 증명되기 때문이다. 그런 의미에서 자유는 칸트 철학 전체의 토대가 된다. 그런데 이 자유의 이념은 바로 도덕 법칙을 통해 드러난다.

칸트에서 자유는 두 가지로 구분해볼 수 있다. 첫째는 초월적 자유이고, 둘째는 실천적 자유이다. 초월적 자유는 우선 소극적 의미의 자유이다. 이론 이성의 관점에서 보면 자연 안의 모든 것은 다른 것에 의해 생겨난 것이다. 즉 모든 것은 원인을 갖고 있다. 그런데 이렇게 원인-결과의 계열을 생각해보면, 원인의 원인, 또 그 원인의 원인을 계속 생각해갈 수 있다. 그런데 유한한 자연에서 이러한 계열이 무한하게 갈 수는 없으므로 무언가 출발점을 잡지 않을 수 없다. 그런데 출발점이 되려면 그것은 더 이상 다른 것을 통해 생겨난 게 아니라 스스로 생겨난 것, 즉 스스로 원인인 것이어야 한다. 따라서 이 출발점은 더 이상 다른 것의 결과가 아니므로 이 원인-결과의 고리에서 벗어나 있는 것이며 이 고리를 가능하게 하는 최초의 원인이라고 할 수 있다. 이렇게 자연의 원인-결과 고리에서 벗어날 때 초월적 자유가 성립한다.

칸트가 산책을 나오던 길에 있는 쾨니히스베르크 성당과 다리.

이론 이성에서는 이런 자유 개념은 생각해볼 수는 있지만 실제로 그런 것이 있다고는 보장하기 어려운 곤란한 개념이었다. 분명 원인-결과의 고리를 생각하면 최초의 출발점이 있다고 생각하지 않을 수 없으므로, 이 자유를 부정하면 잘못된 회의주의에 빠지게 된다. 따라서 어정쩡하게 인정했다. 그러나 실천 이성에서는 사정이 다르다. 실천 이성까지 다 포함해서 본다면 초월적 자유는 결국 법칙의 모든 질료, 곧 대상에서 벗어나는 것을 말한다. 우리 의지의 질료가 실천 법칙을 가능하게 해주는 조건이 되어 실천 법칙 안에 끼어든다면, 의지는 결국 어떤 충동이나 욕망에 따르는 셈이 되고 타율적인 것이 되어 자연 법칙에 종속되는 셈이다. 그렇게 되면 의지는 스스로 법칙을 수립하지 못하고, 단지 욕망에 따른 법칙을 이해타산적으로 따르는 가르침만 제시할 뿐이다. 그런데 이러한 질료에서 벗어나서 독립할 수 있는 능력이 바로 초월적 자유이다. 초월적 자유가 있어야 우리 의지는 질료에서 독립하여 오직 법칙의 순전한 형식에 의해 규정될 수 있고, 그래야 도덕이 성립할 수 있다고 칸트는 생각한다.

법칙의 질료는 어떤 대상이나 결과와 관련되기 때문에 감각적인 것이지만, 법칙의 형식은 오직 이성에 의해서만 생각할 수 있는 것이기 때문에 감각의 대상이 될 수 없고, 따라서 자연 현상에 속하는 것이 아니다. 그러므로 도덕 법칙을 통해 의지가 규정되는 것은 자연에서 원인-결과의 법칙에 따르는 사건이 규정되는 것과는 전혀 다르다. 자연 속에서는 규정하는 원인도 단지 또 하나의 경험적 자연 현상일 수밖에 없다. 그런데 오직 보편적 법칙을 가능하게 하는 형식만을 통해 규정되는 의지는 자연 현상을 지배하는 자연 법칙, 곧 자연 현상 사이의 원인-결과 법칙에서는 완전히 독립된 것일 수밖에 없다. 이러한 독립성을 칸트는 초월적 자유라고 부르는 것이다. 결국 초월적 자유는 비록 소극적인 것이지만, 모든 경험적인 것으로부터, 달리 말하면 자연 일반으로부터 독립한 것으로 볼 수 있다. 그리고 초월적 자유 없이는 자연 법칙에서 벗어난 어떠한 도덕 법칙도 가능하지 않고, 도덕 법칙을 지키지 않은 것에 대한 책임 추궁도 가능하지 않기 때문에 초월적 자유만으로도 중요한 의미가 있다.

실천적 자유

칸트는 이제 여기서 한 걸음 더 나아가 우리가 도덕 법칙을 의식한다는 사실을 토대로 자유에 더 적극적인 성격을 부여하고자 한다. 실제로 자유가 존재함을 보여주어 실천적 자유를 확보하려는 것이다. 초월적 자유가 소극적 의미의 자유였다면 실천적 자유는 적극적 의미의 자유이다. 앞서 여러 번 말했듯이 도덕 법칙은 우선 모든 질료(즉 원하는 목적이나 대상)에서 독립해야 한다. 나아가 준칙은 누구나 지켜야 하는 법칙다운 형식을 갖출 때 도덕 법칙으로 성립한다. 여기서 질료에서 독립한다는 측면이 바로 앞서 말한 소극적 의미의 자유, 곧 초월적 자유를 말한다면, 실천 이성이 스스로 법칙을 수립한다는 측면은 적극적 의미의 자유, 곧 실천적 자유를 말한다. 그러므로 도덕 법칙은 바로 자율로서의 자유를 표현한다. 이 자유를 통해 준칙은 최상의 실천 법칙과 일치할 수 있고, 법칙다운 형식을 갖추게 된다.

그런데 칸트가 『실천이성비판』에서 말하는 자유는 『순수이성비판』에서 해결하지 못한 채 남았던 문제를 보완하려는 보완물에 그치는 것이 아니다. 자유의 개념을 다루는 것이 마치 건물을 우선 서둘러 지어놓고 나중에야 받침목과 버팀기둥을 갖다 대듯이, 이론 이성 비판이 가진 체계의 틈을 메우기 위해 끼워넣는 식은 아니라는 얘기이다. 왜냐하면 이론 이성의 체계는 그 나름대로는 완성된 것이었기에 특별한 보완이 필요하지 않다. 단지 『순수이성비판』에서는 자유가 아직 문제 있는 개념으로 어정쩡하게 남아 있었지만 이제 자유의 더 깊은 의미를 파악하여 이를 해명함으로써 그 문제를 제거하고 어정쩡한 상태를 극복하려는 것이 칸트의 목적이다. 심리학적으로 접근하면 자유 개념을 잘 이해할 수 있고 자유의 가능성도 잘 설명할 수 있다고 생각하는 사람도 많다. 그러나 이들도 자유 개념을 좀 더 체계적으로 검토해보면, 칸트가 확인했듯이 이론 이성의 영역에서는 문제 있는 개념임을 깨달을 것이다. 왜냐하면 원인-결과의 고리를 출발시키는 최초의 원인에 해당하는 것이기 때문에 꼭 필요한 개념이기는 하지만, 바로 그 점에서 자연 법칙으로는 설명하기 어려운 개념임을 깨닫기 때문이다. 그러나 실천의 영역으로 오면 이론의 영역과는 달리 우리는 자유를 저절로 받아들이지 않을 수 없게 된다. 자유 개념은 모든 경험주의자에게는 걸림돌이지만, 비판적 도덕론자에게는 가장 숭고한 실천 원칙을 위한 열쇠이기도 하다. 이들은 자유 개념을 통해 우리가 반드시 이성적으로 처신하지 않을 수 없음을 통찰하게 된다.

자유에 대한 접근이 『순수이성비판』에서부터 어떻게 심화하여 실천적 자유에 이를 수 있는지 좀 더 구체적으로 살펴보자. 감성 세계의 경우 어떤 것의 원인은 반드시 있어야 하고, 원인의 원인이 또 있어야 한다. 그러나 이런 원인-결과의 질서가 무한하게 진행될 수는 없으므로 맨 처음에는 다른 것의 결과는 아니면서 오직 원인이기만 한 어떤 것이 있어야 한다. 곧 스스로 자신에게 원인인 어떤 것이 있어야 한다. 이렇게 스스로 자신의 원인인 것, 그래서 절대적으로 자발적인 능력이 바로 자유이다. 그러나 자연 속에서 경험하는 현상 세계에서는 이처럼 다른 것에 의해 생겨나지 않고 스스로 생겨나는 절대적이며 무조건적인 원인은 찾을 수가 없다. 그러므로 자유라는 개념을 적용할 수 있는 어떤 사례를 경험 중에서 찾는 것은 절대적으로 불가능하다. 그래도 우리는 경험 속에서 찾을 수는 없지만 그런 자유를 생각해볼 수는 있다. 그리고 감성 세계 속의 어떤 존재자가 다른 한편으로 예지계에 속한 것으로 볼 수 있다면 그때 그 존재가 자유로울 수 있다고 생각해볼 수는 있다.

하지만 결코 현상 세계 속에서 그런 자유를 발견할 수는 없으므로 이렇게 생각한 자유가 실제로 성립하는 것이라고 확증할 수는 없었다. 달리 말해 자유롭게 행위하는 존재를 실제로 자연 법칙이 지배하는 경험 세계 속에서는 찾아낼 수 없었다. 『순수이성비판』에서 자유는 이처럼 인정할 수도 없고 그렇다고 부정할 수도 없는, 문제가 많은 개념이었다. 그러나 이제 『실천이성비판』에서는 자유가 실제로 성립함을 보여줄 가능성이 열린다. 자유에 의한 원인이 성립될 수 있음이 도덕 법칙에 의해 확보되기 때문이다. 자유가 비록 실천의 맥락이기는 하지만 실제로 성립함을 확인하게 되고, 결국 자유의 실재성, 곧 실천적 자유는 도덕 법칙을 통해 증명된다.

앞서 보았듯이 도덕 법칙이 우리에게 주어져 있다는 것은 확실한 사실이다. 그래서 도덕 법칙을 의식하고 있다는 것을 칸트는 '이성의 사실'이라고 했다. 설령 우리가 경험에서 도덕 법칙이 정확하게 준수되는 실례를 찾아내지 못한다고 하더라도 이성의 사실은 바뀌지 않는다. 도덕 법칙이 객관적으로 존재한다는 것은 어떠한 정당화에 의해서도, 어떠한 이론적이거나 혹은 경험적으로 뒷받침된 이성의 노력에 의해서도 증명할 수가 없지만, 그 자체 확실한 사실이다. 그리고 이 도덕 법칙에 기대어 우리는 더 적극적인 자유를 향해 나아갈 수 있다.

자유의 최초 개념은 부정적이며 소극적이다. 달리 말해 처음에는 '~로부터의 자유'이고, 구체적으로는 자연 법칙으로부터의 자유이다. 그런데 우리는 현상의 경험 속에서 오직 자연 법칙만 인식할 수 있지 이 법칙에 어긋나는 것을 인식할 수 없다. 모든 것은 자연 법칙에 따라 기계처럼 돌아가고 있으며 여기서 벗어나는 우연을 찾기란 어렵다. 그러므로 우리가 경험으로부터 자유를 추리한다는 것은 불가능하다. 반면에 도덕 법칙은 우리에게 직접적으로 의식된다. 도덕 법칙은 우리에게 다른 전제 없이 바로 맨 처음에 주어지는 것이다. 이성은 도덕 법칙이 어떠한 감성적 조건에 의해서도 지배받지 않으며 그렇기 때문에 거기에서 완전히 독립하고 있음을 확인함으로써 바로 자유의 개념에 이르게 된다. 정리하자면 도덕 법칙이 우선 '이성의 사실'로서 확립되고, 다음으로 확립된 도덕 법칙이 의지의 자유가 실제로 성립함을 증명해주게 되어, 결국 이론 이성에서 문제 많은 것으로 남아 있던 자유가 실천의 맥락에서 실제로 성립한다는 것이 확증된다.

   이론 이성은 원인-결과의 고리가 무한하게 갈 수는 없기 때문에 이 고리가 끝나는 지점에서 스스로 원인인 어떤 것, 달리 말해 자유가 적어도 가능할 것이라 가정할 수밖에 없었다. 그러나 그 자신 아무런 정당화 근거를 따로 필요로 하지 않는 도덕 법칙은 자유가 가능한 것만이 아니라 실제로 성립한다는 것을 증명한다. 바로 도덕 법칙을 의식하고 또한 도덕 법칙에 따라 살아야 함을 의식하는 존재자를 통해서 말이다. 도덕 법칙은 사실상 자유를 원인으로 하는 법칙이고, 그러므로 자연 법칙 너머의 영역을 가능하게 하는 법칙이다. 도덕 법칙은 이제 이론 철학에서는 어정쩡하게 남겨둘 수밖에 없었던 자유에 대해 그것이 실제로 성립함을 보여줄 수 있다. 이론 이성에게 자유란 그 가능성을 이해하기 쉽지 않지만 그런데도 받아들이지 않을 수 없었던 또 다른 종류의 원인이었다. 그러나 도덕 법칙은 이렇게 소극적으로 생각한 자유에 적극적인 성격을 부여해 준다. 나의 준칙에 누구나 지켜야 하는 법칙의 형식을 부여함으로써 우리 의지를 그 형식에 의해서만 규제하는 실천 이성을 통해 이론 이성의 영역에서는 경험 밖에 있는 것으로 생각했던 자유가 실제로 성립함을 보여주었다. 이를 통해 이론 이성에서는 마치 경험을 벗어난 초월적 사용으로 생각했던 것을 실천 이성에서는 내재적 사용으로 전환했다.

칸트에 따르면 결국 자유는 도덕 법칙의 존재 근거이고 도덕 법칙은 자유의 인식 근거 역할을 한다. 달리 말해 자유가 있어야 도덕 법칙이 성립할 수 있고, 도덕 법칙이 있는 것을 보면 자유가 있다는 것을 알 수 있게 된다. 달리 말해 자유가 없다면, 도덕 법칙은 우리 안에서 결코 성립할 수 없을 것이고, 동시에 만약 도덕 법칙이 우리의 이성에서 먼저 명료하게 생각되지 않는다면, 우리는 결코 자유와 같은 어떤 것이 있다는 것을 받아들이기 어려울 것이기 때문이다. 그래서 우리는 무엇을 해야 한다고 의식하기 때문에 무엇을 할 수 있다고 판단하며, 도덕 법칙이 아니었더라면 알려지지 않은 채로 있었을 자유를 자신 안에서 확인할 수 있게 된다.

이렇게 실천적 자유가 가능하다는 것이 바로 『실천이성비판』을 통해 밝히는 가장 핵심적 주장이다. 『실천이성비판』이 밝히고자 하는 것은 순수 이성이 그 자체로 실천적일 수 있다는 것, 다시 말해 독자적으로, 곧 모든 경험적인 것으로부터 독립해서 의지를 규정할 수 있다는 것이다. 그것도 스스로 자신의 준칙에 모두가 지켜야 할 법칙으로서의 형식을 부여하면서 자율적으로 의지를 규정할 수 있다는 것이다. 바로 이것이 의지의 자유이다. 그러므로 이성적 존재자의 의지는 한편으로는 감성 세계에 속하는 것이기에 다른 작용하는 원인과 같이 반드시 원인-결과의 자연 법칙에 종속할 수밖에 없지만, 다른 한편으로 실천적인 일에서는 예지적 질서에 속한 것이기에 자유로울 수 있다는 것이 칸트의 생각이다.

인격적 존재인 인간

바로 이런 측면 때문에 『실천이성비판』에서의 작업은 『순수이성비판』에서의 작업과 대조될 수 있다. 『순수이성비판』에서 한 작업은 무엇일까? 먼저 시간과 공간이라는 순수 감성적 직관이 우리 인식을 가능하게 하는 최초의 조건임을 밝혔다. 이런 직관이 없다면 개념만으로는 앎이 성립할 수 없고, 오직 이런 감성적 직관과 관련해서만 경험이 성립함을 밝혔다. 이 감성적 직관과 지성의 개념이 결합해야 경험이라고 부르는 앎이 가능하다는 것을 보여주었다. 그러므로 경험적 대상을 넘는 것에 대해서, 달리 말해 예지계에 속한다고 볼 수 있는 어떤 대상에 대해서 이론 이성이 모든 적극적 인식을 거절한 것은 완전히 정당한 일이었다. 그런데도 이론 이성이 이런 예지적인 것을 생각할 가능성을 완전히 없앨 수 없었고, 왜 없앨 수 없는 지도 잘 보여주었다. 소극적으로 생각된 자유를 가정했던 것이 좋은 예이다. 한편으로 이론 이성이 확정한 자연의 인과 법칙을 부정하지 않으면서도, 자유를 이와 화해 가능한 어떤 것으로 확보해놓았던 것이다.

이에 반해 『실천이성비판』에서는 도덕 법칙을 가지고 이론 이성이 판단을 유보했던 예지계에 대하여 적극적인 접근을 시도했다. 도덕 법칙은 감성 세계 안에서 이성을 사용하는 한에는 절대로 설명할 수 없는 사실을 제공해준다. 이 사실은 예지계에 대해서 알려주며, 더 나아가 예지계에 적극적으로 접근하여 이 세계에 관하여 무엇인가를 깨닫도록 한다. 그래서 이성적 존재자는 초감성적 세계에 의해서, 경험적 조건 전체에서는 독립적이기 때문에 순수 이성의 자율에 속하는 법칙을 따를 수 있게 된다. 초감성적 세계는 결국 실천 이성의 자율 아래 있는 세계이다. 그리고 이 자율의 법칙은 도덕 법칙이다. 이것이 예지계의 근본 법칙이고, 이것의 복사본이 감성 세계에 존재하며 그러면서도 감성 세계의 법칙을 깨뜨림 없이 존재한다. 예지계의 근본 법칙을 우리가 순전히 이성에서만 인식하는 원본이라고 한다면, 그 복사본은 실제 의지의 규정 근거로서 전자의 이상적인 내용을 실제로 가능하게 한다.

결국 『순수이성비판』에서는 이론 이성이 우리 욕구 능력의 객관을 어떻게 인식할 수 있는가 하는 문제에 접근했다면『실천이성비판』에서는 욕구 능력 자체를 규정하는 것이 쟁점이었다. 여기서는 욕구 능력의 객관이 어떻게 가능한가에 대한 설명은 요구하지 않는다. 왜냐하면, 그런 과제는 이론적 자연 인식의 과제로서 이론 이성 비판에 맡겨져 있기 때문이다. 여기서 설명이 요구되는 것은 오직 어떻게 이성이 의지의 준칙을 규정할 수 있는가이다. 그리고 그런 일이 경험적인 것에 의존하지 않고 순수 이성만으로 실제로 가능한 것인지, 그래서 순수 이성 자체가 실천적인지, 달리 말해 경험적으로는 전혀 인식될 수 없음에도 또 하나의 법칙이 될 수 있는지 하는 것이다. 자유 의지에 의해 성립하는 예지계, 곧 도덕 세계의 가능성을 위해서는 어떤 감성적 직관도 필요하지 않다. 왜냐하면, 의지의 준칙과 관련하여 문제가 되는 것은 오로지 그 의지를 규정하는 것이 경험에서 오느냐 아니면 이성에서만 오느냐 하는 것이기 때문이다. 의지가 원인이 되어 실제 객관을 실현할 수 있는가 하는 문제는 경험 세계에 접근하는 이론 이성과 관련된다. 하지만 칸트가『실천이성비판』에서 고민하는 바는 오직 의지를 규정하는 것이 무엇인가, 자유 의지가 실제로 성립하는가 하는 것이지 실제로 의지가 성공하느냐, 즉 행위로 모두 다 실현되느냐 하는 것은 아니다.

이상의 논의에 비추어볼 때 실천 이성에 대한 비판이 가장 기초에 두는 것은 예지계의 토대가 되는 자유의 개념이다. 자유 개념이 의미하는 바는 무엇인가? 다른 것이 아니라, 저 도덕 법칙은 의지의 자유와 관련해서만 가능하다는 것, 그리고 의지의 자유를 전제하면 저 도덕 법칙은 필연적이고, 달리 말하면 실천적 요청으로서 필연적이기 때문에, 의지의 자유도 필연적이라는 것이다.

도덕 법칙을 통해 인간의 의지가 자유롭다는 사실이 밝혀지면 이에 기초하여 인간은 인격적일 수 있음이 드러난다. 인격성이란 무엇일까? 한마디로 자유로움을 말한다. 달리 말해 자연의 기계적 법칙으로부터 독립적이면서 동시에 자기 자신의 이성에 의해 주어진 순수한 실천 법칙에 복종하고 있는 존재자의 능력을 가리킨다. 한편으로는 자연적 존재자인 인간이 거기에만 머물러 있지 않고 동시에 다른 한편으로 자유를 기초로 도덕의 세계의 속함으로써, 한갓 사물의 위치에서 벗어나서 인격적 주체일 수 있다고 칸트는 생각하는 것이다.

앞서 보았듯이 인간의 의지가 자유롭다는 것은 또한 인간의 의지가 도덕 법칙에 의해 규정된다는 것을 의미한다. 도덕적 가치를 지향하는 인간의 실천적 의지는 어떤 감성적 충동의 영향 없이, 도덕 법칙에 어긋나는 자연적 욕망을 배제하고 오로지 도덕 법칙만을 따른다. 이 도덕 법칙은 자유의 힘이 표현된 것으로서 우리 마음 안에 있는 욕망에 따른 이기적인 자기 사랑이나 자기 만족을 제어하며, 그럼으로써 존경의 대상이 된다. 따라서 인간에게 사물의 질서를 넘어서게 하는 이 도덕 법칙이야말로 진정 신성한 것이고 침해하면 안 되는 것이다. 비록 인간이 충분히 신성한 존재는 아니지만, 그러나 그의 인격성은 신성하지 않을 수 없다. 전체 창조물은 인간의 욕망을 충족할 수 있는 한에서 한낱 수단으로 사용될 수 있다. 그러나 오로지 인간만은, 그리고 그와 더불어 모든 이성적 피조물은 목적 그 자체이다. 인간은 곧 그의 자유와 자율의 힘으로 신성한 도덕 법칙의 주체가 된다. 이성적 존재자는 도덕 법칙에 어긋나는 어떠한 의도에도 복종하지 않을 수 있으며, 그렇기 때문에 한낱 수단으로 사용되는 것이 아니라 오히려 동시에 그 자신이 목적으로 인정된다.

최고선이란 무엇인가

최고선 이해하기

실천 이성이 목표로 하는 것, 달리 표현하면 실천 이성의 대상은 무엇일까? 칸트에 따르면 그것은 바로 최고선이다. 실천 이성도 나름의 대상과 객관을 추구한다. 물론 이 대상은 우리의 욕망이나 자연적 욕구가 대상으로 삼는 것과는 전혀 성격이 다르다. 그리고 중요한 것은 앞에서 밝혔듯이 욕망이나 욕구의 경우 대상에 의해 전적으로 규정되지만, 실천 이성의 경우 목표와 대상이 실천 이성을 규정하는 것은 아니다. 우리의 순수 의지와 실천 이성을 규정하는 것은 오직 도덕 법칙뿐이다. 실천 이성이 한편으로는 도덕 법칙에 의해 규정되면서 다른 한편으로는 나름의 객관이나 대상, 혹은 목표를 가질 수 있다. 이때 실천 이성의 대상이 바로 최고선이다.

앞서 말한 내용을 그대로 적용하면 최고선은 실천 이성의 목표 혹은 대상이기는 하지만 실천 이성을 규정하는 원리는 아니다. 오직 도덕 법칙만이 의지를 규정하는 근거이다. 도덕 법칙은 모든 사람이 지켜야 할 보편적 형식을 갖춘 것이므로 질료, 즉 원하는 대상이 근거가 되어서는 안 되므로 최고선 자체는 의지를 규정하는 근거가 될 수 없다. 만약 우리가 도덕 법칙에 앞서 어떤 객관을 최고선이라고 이름 붙여 놓고, 이를 근거로 하여 최상의 실천 원리를 끌어낸다고 해보자. 그렇게 되면 도덕 법칙이 최고선에 의존하게 되는 것이라 타율을 불러들이고 진정으로 자율적인 도덕 원리를 쫓아내는 셈이 된다. 그러나 만약 최고선을 가능하게 하는 최상의 조건으로서 도덕 법칙이 이미 최고선 개념 안에 포함되어 있다면, 그때는 최고선이 객관일 뿐만 아니라 우리 의지를 규정하는 근거 역할도 할 수 있다. 왜냐하면 이 경우 사실은 최고선 자체가 아니라, 여기에 이미 포함된 도덕 법칙이 자율의 원리에 따라 의지를

칸트의 무덤이 있는 쾨니히스베르크 대성당.

규정하기 때문이다. 이 두 경우를 혼동하면 안 된다.

그렇다면 최고선의 내용은 구체적으로 무엇일까? 한마디로 말하면 덕과 행복이 일치하는 것을 말한다는 것이 칸트의 생각이다. '최고'는 가장 높다는 것, 즉 '최상'을 의미할 수도 있고, '완전'하다는 것을 의미할 수도 있다. 최상이라는 것은 그 자체로 무조건적임을 말한다. 달리 말해 다른 어떠한 것에도 종속되지 않았다는 것을 말한다. 완전하다는 것은 더 큰 전체에 속하는 부분이 아니라 그 자체가 전체라는 것을 말한다.

그런데 덕을 갖춘 인격이 동시에 행복도 누리게 되는 상태인 최고선은 바로 완전선을 의미한다. 물론 여기서도 덕은 언제나 완전선의 조건 역할을 하는 최상선이다. 덕을 이루기 위해 더이상의 조건이 필요하지는 않기 때문이다. 행복은 항상 이를 누리는 사람에게는 유쾌하고 좋은 것이다. 그러나 행복 그 자체만으로는 절대적으로, 그리고 어떤 관점을 취하더라도 항상 좋은 것은 아니다. 행복이 최고선과 관련되기 위해서는 언제나 도덕 법칙에 알맞은 덕스러운 태도를 전제할 수밖에 없다. 즉 최고선이 되기 위한 첫 단계는 최상선을 이루는 것인데, 덕을 성취하는 것이 바로 최상선이다. 거꾸로 표현하면 덕을 성취하는 것이 일단 도덕의 목표이고, 덕을 성취하면 최상선에 도달하기는 하지만, 그것으로 최고선에 도달했다고 할 수는 없다. 덕에 도달했기에 도덕적으로 행위하는 사람이 실제로 행복까지 누릴 수 있을 때, 그때야말로 제대로 된 완벽한 선이 실현되어 최고선이 실현되었다고 할 수 있다. 정말 착하게 사는데 그 사람이 행복하지 못하고 고통받고 불행한 삶을 산다면 완전히 좋은 상태라고는 할 수 없다. 정말 착하게 사는 사람이 행복까지 누리는 상태가 되어야 정말 완벽하게 좋은 상태, 즉 최고선이 실현된 상태일 것이다.

이처럼 칸트도 행복을 윤리에서 뺄 수 없는 요소라고 생각한다. 하지만 앞서 이미 살펴보았듯이 도덕의 기초를 행복에서 찾을 수 있는 것은 아니다. 최상선은 행복이 아니라 도덕성으로서의 덕이다. 더 나아가 도덕성과 행복이 반드시 일치하는 것도 아니다. 도덕적 인간은 행복할 가치가 있으나, 실제로 반드시 행복한 것은 아니다. 행복이 행복할 가치와 반드시 비례하여 얻어지는 것은 아니므로, 덕은 최상선을 의미할 뿐 완전한 선, 즉 최고선까지 의미하지는 않는다. 결국 덕은 행복할 자격을 갖추는 것이고 우리가 도덕적으로 추구할 최상의 가치이며 행복을 얻으려는 모든 노력의 최상의 조건이 된다. 그렇다 해서 덕이 이성적이면서 유한한 존재자인 인간이 추구할 대상으로서 완벽한 선은 아니다. 완벽해지기 위해서는 행복이 추가로 요구되기 때문이다. 왜냐하면 행복이 필요하고, 또한 행복할 자격이 있는데도 행복을 누리지 못하는 이성적 존재자가 있다면 이것을 완전한 선의 상태라 볼 수 없기 때문이다. 결국 최고선은 행복과 도덕성이 일치하는 데서 성립한다. 덕이 있는 사람이 자신의 덕에 대해 보상받을 때 최고선이 실현된다.

덕와 행복의 결합

그런데 칸트에 따르면 행복이 덕과 결합할 수 있는 방식은 크게 두 가지가 가능하다. 분석적으로 결합하거나 종합적으로 결합하는 것이다. 분석적 결합과 종합적 결합은 어떻게 다른가? 앞에서 분석 판단과 종합 판단을 언급할 때 설명했던 내용과 비슷하다. 두 개념이 논리적으로 연결되어 있으면 분석적이고, 경험적으로 결합되어 있으면 종합적이다. 최고선도 마찬가지이다. 둘 사이의 관계를 동일률에 따른 분석적 결합으로 보면 덕과 행복은 필연적으로 연결될 수밖에 없다. 달리 말해 덕있으려는 노력과 행복을 얻으려는 이성적 노력은 서로 다른 두 가지 행위가 아니라 완전히 같은 행위라고 보아야 한다. 다르게 표현하면 하나가 성립하기 위한 토대에 다른 하나가 놓여 있으면 충분한 것이지, 그 외에 어떤 다른 준칙이 놓일 필요가 없다고 할 수 있다. 이에 반해 둘 사이의 관계를 인과율에 따르는 종합적 결합이라고 보면 원인이 결과를 낳듯이 덕을 쌓는 것이 원인이 되어 덕과는 별개의 대상인 행복을 누리게 하거나 또는 행복해지려는 노력이 원인이 되어 행복과는 별개의 대상인 덕을 갖추게 한다고 보게 된다.

칸트에 따르면 고대 그리스의 두 학파, 즉 에피쿠로스학파와 스토아학파는 모두 덕과 행복의 통일을 분석적으로 확보하려고 했다. 그들은 모두 최고선이 무엇인지를 파악하면서 덕과 행복을 최고선의 서로 다른 두 요소로 인정하지 않았고, 단지 두 개념 중 어떤 것이 더 근원적인지에 대해서 서로 다른 관점을 가졌을 뿐이다. 에피쿠로스는 행복을 더 근원적인 것으로 보았고, 스토아는 덕을 더 근원적인 것으로 보았다. 에피쿠로스학파는 행복으로 이끄는 자기의 준칙을 의식하는 것, 그것이 덕이라 말했고, 반면에 스토아학파는 자기의 덕을 스스로 의식하는 것 자체가 행복이라고 말했다. 에피쿠로스학파에게는 행복을 낳는 지혜로움이 윤리성과 같은 것이었고, 덕을 더 높이 칭송했던 스토아학파에게는 윤리성만이 참된 지혜였다. 사실 두 입장은 뚜렷이 대비된다. 두 학파는 모두 덕과 행복의 실천 원리가 한 가지임을 밝히려고 했지만 이를 확보하고자 한 방법에서 서로 큰 차이를 보였기 때문이다. 한쪽은 그 원리를 감성적인 면에서 찾았고, 다른 한쪽은 이성적인 면에서 찾았다. 달리 말해 한쪽은 감각적 욕구를 토대로 하는 방법을 선택했고, 다른 한쪽은 모든 감각적 규정 근거로부터 실천 이성을 독립시키는 방법을 선택했다. 에피쿠로스학파에 따르면 덕은 자기 자신의 행복을 촉진하라는 준칙 안에 이미 포함되어 있다. 반면에 스토아학파에 따르면 행복의 감정은 이미 자신의 덕을 의식하는 것 안에 포함되어 있다.

그러나 칸트는 두 접근 중 어느 하나가 옳은 것이 아니라 둘 다 문제점을 가진다고 보았다. 이들은 모두 전혀 성격이 다른 두 개념을 단지 개념 차원에서 통일시켜보려고 무리한 시도를 했기 때문이다. 행복과 덕은 완전히 다른 개념이며 본질적으로 합칠 수 없는 개념이다. 그런데 이렇게 전혀 합칠 수 없는 두 원리를 단순히 개념 차원에서 쉽게 합쳐보려고 했다. 겉보기에는 서로 다른 이름을 가졌지만 개념적으로 합칠 수 있다고 보고, 그 차이를 없애보려고 한 것은 당시의 변증법적 정신에는 어울리는 일이었고, 오늘날에도 때때로 치밀한 사람을 유혹한다.

그러나 합칠 수 없는 것을 무리하게 합치려고 하다 보니 결국 제대로 된 통일을 확보하지 못했다. 한 개념 안에 포함된 내용이 다른 개념의 부분과 같은 것이라고 해서 곧바로 그 개념 전체와 같다고 할 수는 없다. 그리고 설사 두 개의 전체가 같은 재료로 이루어져 있다 해도 각각을 구성하는 부분이 전혀 다른 방식으로 결합하고 있다면 서로 다른 종류라고 보아야 한다. 스토아학파는 덕은 전체 최고선이며, 행복은 단지 주관의 상태로서 덕을 가지고 있음을 의식하는 상태일 뿐이라고 주장했다. 에피쿠로스학파는 행복이 전체 최고선이며, 덕은 단지

덕과 행복에 대해 다른 관점을 가졌던 에피쿠로스(왼쪽)와 스토아학파의 제논(오른쪽).

이를 얻기 위한, 곧 이에 이르기 위한 수단들을 이성적으로 사용할 때 필요한 준칙의 형식일 따름이라고 주장했다.

칸트에 의하면 이 두 학파가 이렇게 덕과 행복을 무리하게 결합하려고 시도한 것은 근본적으로 덕과 행복의 결합이 분석적이라고 잘못 생각했기 때문이다. 그러므로 관점을 근본적으로 바꾸어야 한다. 행복과 윤리성은 최고선과 관련해서 전혀 종류가 다른 두 요소이기 때문에 분석적으로 인식할 수 없다. 분석적 관계라면, 예를 들어 가령 자기의 행복을 추구하는 사람이 이런 그의 태도에서 순전히 자신의 개념을 분해함으로써 덕 있음을 발견한다거나, 또는 덕을 좇는 사람이 그러한 태도를 의식한다는 사실 자체만으로 자신이 행복함을 발견할 수 있어야 한다. 그러나 이것은 불가능하다. 결국 두 개념의 관계는 종합적이다.

이론 영역에서는 종합적인 것은 몇몇 선험적 종합판단 이외에는 경험적이었다. 그러나 실천 이성의 영역에서는 사정이 다르다. 덕과 행복의 결합은 선험적인 것으로, 그러니까 실천적으로 필연적인 것으로, 따라서 경험으로부터는 도출할 수 없는 것으로 인식될 수밖에 없다. 그러므로 최고선의 가능성도 어떠한 경험적 원리에 의존하는 것이 아니므로, 이 개념을 정당화하는 것도 경험적이지 않고 초월적일 수밖에 없다. 최고선을 의지의 자유로부터 끌어내는 것은 도덕에서는 선험적으로 필연적이다. 그러므로 최고선의 가능 조건도 선험적인 근거를 기초로 파악할 수밖에 없다.

실천 이성의 이율 배반을 어떻게 해결하는가

결국 최고선은 덕과 행복이 필연적으로 결합한 것이고 그 결합은 종합적일 수밖에 없다는 것이 밝혀진다. 다시 한번 정리해보자. 우리 의지를 통해 실현되는 최고선과 관련해서 덕과 행복은 필연적으로 결합한다고 생각된다. 이 결합은 모든 결합이 일반적으로 그렇듯이 분석적이거나 종합적이다. 그런데 이 결합은 바로 앞서 지적한 것처럼 분석적일 수 없으므로, 종합적일 수밖에 없고, 그것도 원인과 결과의 연결로 생각할 수밖에 없다. 그런데 이렇게 종합적 결합으로 보아 둘의 관계를 인과적 연결로 볼 때 가능성은 둘 중 하나이다. 행복이 덕의 원인일 수도 있고, 덕이 행복의 원인일 수도 있다. 그러므로 이 두 가능성을 모두 검토해야 한다. 그런데 여기서 우리는 어려움을 겪는다. 칸트에 의하면 둘 다 모두 불가능하기 때문이다.

행복에 대한 욕구가 덕의 준칙을 위한 동인일 경우와 거꾸로 덕의 준칙이 행복을 낳는 원인일 경우를 하나씩 살펴보자. 우선 첫째 경우는 절대적으로 불가능하다. 왜냐하면 이미 앞서 밝혔듯이 의지의 규정 근거를 자기 행복의 추구에 두는 준칙은 결코 도덕적일 수가 없고, 아무런 덕도 정초할 수 없기 때문이다. 그리고 둘째 경우 또한 불가능하다. 왜냐하면 이 세계 안에서 원인을 통해 결과를 얻어내는 것은 모두 도덕적 마음씨에 의해 이루어지는 것이 아니라 자연 법칙을 잘 파악하고 이

것을 자신의 의도에 맞추어 사용하는 자연적 능력에 의해 이루어진다. 따라서 도덕 법칙을 열심히 지킨다고 해서 덕이 행복과 바로 결합한다는 보장은 전혀 없다.

이렇게 두 가능성이 모두 불가능하게 되니 실천 이성은 이럴 수도 없고 저럴 수도 없는 이율배반에 빠진다. 그렇다면 이러한 이율배반을 해결할 방법은 없을까? 인간이 양면성을 가진다는 것, 달리 말해 인간은 한편으로는 현상계에 속한 존재이면서 동시에 다른 한편으로 예지계에 속한 존재일 수 있다는 점이 이율배반을 해결하기 위한 실마리라고 칸트는 본다. 두 명제 중 첫째의 것, 곧 행복을 얻으려는 노력이 덕 있는 마음씨의 토대를 마련할 수 있다는 명제는 완전히 거짓이다. 그러나 둘째의 것, 곧 덕 있는 마음씨가 필연적으로 행복을 낳을 수 있다는 명제는 절대적으로 거짓인 것이 아니다. 단지 자연 세계, 즉 감성 세계의 인과 관계에서 생각해 볼 경우에만 거짓이다. 즉 인간을 감성 세계에 속하는 존재로 보고, 자연 법칙의 지배를 받는 존재로 볼 때만 거짓이다. 그러므로 오직 조건적으로만 거짓이다. 그러나 인간은 예지적 세계에 속하는 존재이기도 하다. 감성 세계 안에 있지만 실천 이성을 통해 도덕 법칙을 지키는 예지적 존재로서의 모습도 보여 주기 때문이다. 따라서 마음의 윤리성이 원인이 되어 그 결과로서 감성 세계 안에서 성취하는 행복과 간접적이면서 필연적인 연관을 갖는다는 것이 불가능하지는 않다. 물론 우리 감각의 객관인 자연에서 이러한 결합이 일어날 경우, 그것은 우연적일 수밖에 없고 최고선에 충분할 정도까지 이르기에는 어렵다.

이렇게 최고선의 실현은 현상 세계에서 이루어지기는 어려우므로, 현실 세계 속에 실현될 목표가 아닌 것이 된다. 따라서 모든 이성적 존재자가 도덕적 소망의 목표로 세운 최고선의 가능성을 그토록 먼 곳에서, 곧 예지적 세계와의 연결 속에서 찾을 수밖에 없음을 이성을 통해 알게 된 이상, 덕과 아주 적절한 비례로 결합한 행복을 이미 이승의 생활에서, 곧 감성 세계에서 발견했다거나 의식했다고 설득한다면 이상한 철학자가 될 것이다. 에피쿠로스학파와 스토아학파의 문제점은 바로 여기에 있다. 양자는 모두 덕을 의식함으로써 생기는 행복을 찬양했다. 우선 '쾌락'이라는 표현을 쓴 에피쿠로스도 그 내용은 전혀 저속한 것이 아니었다. 오히려 그는 개인의 이익과 욕망을 채우는 것과는 거리가 먼 선을 실행하는 것이 가장 깊은 기쁨을 얻는 방법이라고 보았고, 그래서 가장 엄격한 도덕 철학자가 요구할 내용, 즉 욕망을 절제하고 제어하는 것이 그가 즐거움을 추구하는 방법의 핵심이었다. 그런데 이런 즐거움을 목표로 삼은 에피쿠로스의 입장을 비판한 스토아학파의 주장은 한편 정당했다. 에피쿠로스는 일종의 순환론, 혹은 선결 문제 요구의 오류에 빠져 있기 때문이다.

에피쿠로스는 행복을 통해 덕에 이른다고 생각했지만 사실은 행복을 추구하는 인격 안에 이미 덕 있는 마음씨를 전제하는 잘못에 빠졌다. 사실 정직한 사람은 먼저 자기의 정직함을 자각하지 못하면, 행복함을 발견할 수가 없다. 왜냐하면 저런 마음씨가 있어야 혹시라도 그가 법을 어겼을 때, 자신의 가치관에 의해 스스로 비난하고 도덕적으로 책망함으로써 법을 지켰을 때 누릴 쾌적한 감정을 잃을 것이기 때문이다. 그러나 문제는 그러한 마음씨와 가치관이 무엇에 의해 비로소 가능한가 하는 것이다. 도덕적 가치 일반에 대한 어떤 감정이 마음에 미리 있지 않으면 이런 상황은 불가능할 것이다. 만약 어떤 사람이 덕을 갖추고 있을 때, 그의 행위가 정의롭다는 점을 스스로 느끼지 못하면 그의 삶은 전혀 기쁘지 않을 것이다. 비록 경험적으로는 그의 삶의 상태가 행복하다 할지라도 말이다.

그런데 다른 한편으로 이런 상황은 즐거움이 도덕의 근거인 것처럼 착각하게 만드는 오류를 범하게 만든다. 도덕적 마음씨는 직접적으로 법칙을 통해 의지를 규정한다는 의식과 필연적으로 결합하고 있다. 행위를 일으키는 의지는 항상 스스로에 의해 산출되는 행위에서 느끼는 흡족함의 근거이다. 그러나 이 기쁨, 이 흡족함 자체가 행위를 일으키는 것은 아니며 오히려 실천 이성이 직접적으로 의지를 규정하는 것이 쾌감의 근거이며, 실천 이성이 의지를 규정하는 것은 순수하게 실천적이며 비감성적인 것이다. 그런데 이렇게 의지를 규정하면서 어떤 행위를 하게 할 때 그 행위에서 기대되는 쾌감의 감정은, 그 쾌감 자체를 목적으로 했던 경우와 유사한 효과를 주기 때문에, 우리는 스스로 행하여 느낀 것을 수동적으로 느꼈다고 착각한다. 이런 착각은 흔히 일어나는 일인데 이 착각 때문에 우리는 도덕적 동기를 감각적 충동이라고 잘못 받아들인다. 순수한 이성 법칙에 의해 행위를 직접 규정한다는 것은 인간의 본성에서는 매우 숭고한 것이다. 그런데 이렇게 의지를 이성을 통해 주체적으로 규정하는 것을 감성적으로 규정된다고 착각하고, 특수한 감성적 감정이 작용한 결과라고 생각하는 것은 사기에 속아 넘어가는 오류를 범하는 것이나 마찬가지이다.

우리는 도덕 법칙을 따를 때 분명히 어떤 기쁨을 느낀다. 그런데 이 기쁨은 행위의 결과로서 생긴 것이지 이 기쁨을 느끼고자 도덕 법칙을 지키는 것은 결코 아니다. 그 기쁨을 표현하는 가장 적절한 개념은 바로 자기 만족이라고 칸트는 생각한다. 이것은 행복이라는 말처럼 무엇인가를 누리는 상태를 표시하지는 않으면서도, 덕을 의식할 때 반드시 따라서 생기는 스스로에 대한 흡족함이라는 행복 비슷한 상태를 가리키는 말이다. 이 말은 원래 의미로는 더이상 어떤 것으로 필요로 하지 않는, 자기 삶에 대한 소극적인 흡족함만을 암시한다. 이러한 자기 만족은 왜 생길까? 순수 실천 이성이 덕스러운 행위를 통해 자신의 욕망을 지배하고 있다는 것을 의식할 때, 그래서 욕망에서 자신이 독립되어 있다는 것을 의식할 때, 그리고 이를 통해 자신의 인격에 대해 만족감을 느낄 때 생기게 되는 것이다.

이상의 논의를 통해 최고선에 대한 칸트의 생각은 다음과 같이 결론 내릴 수 있다. 덕의 준칙에서는 윤리 의식과 윤리의 결과로서 그에 비례하는 행복에 대한 기대 사이에 자연스럽고 필연적인 결합이 적어도 가능하다고 생각된다. 물론 이것이 분명하게 인식되거나 통찰될 수 있는 것은 아니다. 이와 반대로, 행복 추구의 원칙이 윤리를 낳을 수는 없다. 그러므로 최고선의 첫째 조건인 최상선은 윤리성을 확보하는 것이다. 반면에 행복이 최고선의 두 번째 요소를 이루기는 하지만, 그런데도 행복은 단지 도덕적으로 조건 지워진, 그러면서도 필연적인 윤리성의 결과이다. 이렇게 행복이 윤리성에 종속될 때만 최고선은 순수 실천 이성의 객관이 될 수 있다. 최고선을 실현하기 위

해서 가능한 모든 것을 하라는 것이 순수 실천 이성의 명령이
되는 것이다.

실천 이성의 요청

요청이란 무엇인가?

앞서 보았듯이 최고선은 덕과 행복의 결합이며, 이 결합은 종합적이었다. 그런데 이렇게 덕과 행복이 결합하는 것은, 달리 말해 덕 있는 행위를 하면 반드시 행복도 누리게 되는 것은 감성계인 이 현상 세계 속에서는 보장할 수 없는 것이다. 최고선의 실현 자체를 목표로 하는 행위는 감성 세계에 속하지만, 결과인 최고선은 감성 세계의 법칙에 따라서는 전혀 확보

쾨니히스베르크 대성당의 시계탑.

할 수 없는 것이다. 따라서 우리는 최고선이 실현될 수 있는 근거를 두 방법 중 하나를 통해 찾아야 한다. 첫째는 우리가 지배할 수 있는 것 중에서 찾는 것이다. 그런데 이 경우는 불가능하다. 우리가 지배할 수 있는 것은 감성 세계 안에서도 부분에 불과하기 때문이다. 둘째는 이성을 통해 최고선을 가능하게 할 수 없다는 것이 우리 능력이 가진 한계이기 때문에, 이를 보완할 수 있는 것을 우리의 지배력을 벗어난 영역에서 찾는 것이다. 순수 실천 이성의 요청이란 바로 후자의 경우에서 나온 결과이다. 최고선을 실현하기 위해 꼭 필요한 전제가 바로 순수 실천 이성의 요청이다. 이 요청을 필연적으로 받아들여야 최고선이 실현 가능한 것이 되어 실천 이성의 요구를 충족할 수 있다고 칸트는 생각한다.

요청은 모두 도덕 법칙에서 출발한다. 도덕 법칙 자체는 요청이 아니라, 직접적으로 의지를 규정하는 이성의 법칙이다. 요청은 도덕적 실천을 위해 반드시 전제되어야 할 것이다. 이 요청은 이론 이성 입장에서는 실제로 존재한다고 보기 어려웠던 개념에 대해 실천적 관점에서 객관적 실재성을 부여한 것이다. 요청은 세 가지가 있다. 첫째는 영혼의 불멸성이다. 이 요청은 도덕 법칙을 완벽하게 실현하기 위해서 시간이 얼마나 필요한지를 고려할 때 꼭 전제해야 할 조건이다. 둘째는 자유이다. 이 요청은 감성 세계로부터 독립해서 예지 세계의 법칙에 따라 자신의 의지를 규정하는 능력을 확보하기 위해 꼭 전제해야 할 조건이다. 셋째는 신의 현존이다. 이 요청은 최고선이 가능하기 위해서는 꼭 전제해야 할 조건이다.

요청이란 과연 무엇을 말할까? 칸트가 '요청'이라는 말로 의미하고자 하는 것은 수학의 공리와 같은 이론적 명제가 아니라 무조건 타당한 실천 법칙과 밀접하게 관련된 명제이다. 그러므로 만약 사람들이 '순수 실천 이성의 요청'이라는 표현 때문에 이 명제가 순수 수학의 요청인 공리가 갖는 자명한 확실성을 갖추고 있다고 혼동한다면, 가장 큰 오해를 하는 셈이 된다. '두 점 사이의 최단 거리는 직선이다', '평행하는 두 직선은 만나지 않는다' 같은 수학의 요청인 공리는 완전한 이론적

확실성을 가지고 미리 선험적으로 인식한 것이다. 반면에 순수 실천 이성의 요청은 신이나 영혼 불멸성이 가능할 수 있다는 것을 자명한 실천 법칙으로부터, 오로지 실천 이성을 위하여 요청한다. 그러므로 여기서 요청된 가능성이 확실한 것인지는 이론적으로 전혀 알 수 없고, 자명하지도 않다. 왜냐하면 이 가능성은 실천 이성의 객관적이면서 실천적인 법칙을 따르기 위하여 필연적으로 가정한 것이기 때문이다. 칸트는 이 주관적이면서 참된 무조건적 이성의 필연성을 위해 요청보다 더 좋은 표현을 찾을 수가 없었다.

사실 신, 영혼 불멸 같은 요청은 경험을 넘어서는 것이기에 이론 이성에서는 헛된 가상에 빠질 수밖에 없었던 개념이다. 그러나 실천 이성에게는 이런 개념이 중요한 의미가 있다. 이러한 요청은 실천 이성의 요구로부터 생겨난 것이다. 이론적 사용에서 순수 이성의 요구는 가설에 다다를 뿐이었지만 순수 실천 이성의 요구는 요청에 이르게 된다. 이론적 사용의 경우를 예로 들어보자. 나는 어떤 결과로부터 원인을 찾고, 그것의 원인을 또 찾고, 또 그것의 원인을 찾아서 소급하여 추적해갈 수 있다. 이렇게 하다 보면 이런 원인-결과의 고리를 완결시키는 최초의 원인을 가정해야 나의 이성은 만족하게 된다. 그래서 이런 자연 속의 원인-결과 고리를 시작하게 만든 원인으로 신을 가정하게 된다. 그러나 실천적 사용에서는 사정이 이와 다르다. 순수 실천 이성의 요구는 무엇인가(곧, 최고선)를 나의 의지의 대상으로 삼아 온 힘을 다하여 그것을 실현하기 위해 노력해야 한다는 의무에 기초해 있다. 그런데 나는 이때 최고선의 실현 가능성을 위한 조건으로 신, 자유, 불멸성을 전제할 수밖에 없다. 이것은 나의 이론 이성에 의해서는 반박할 수도 없지만 증명할 수도 없는 대상들이다. 그러나 실천적으로 최고선을 실현하려는 우리의 도덕적 마음은 적어도 최고선이 가능하다는 것을 전제한다. 그렇지 않다면 근본적으로 공허하며, 가능하지 않는 것을 추구한다는 것은 실천적으로 무의미하기 때문이다.

결국 칸트에 따르면 도덕 법칙으로 표현되는 이성의 명령이 바로 이런 개념을 요청으로 확립한다. 도덕의 명령이 의미있게 성립되기 위한 전제를 단순한 가설이 아니라 실천과 관련하여 요청으로 정당화하는 것이다. 그래서 정직한 사람은 순수 도덕 법칙이 명령으로서 모든 사람을 예외 없이 지배한다는 점을 인정하면서 다음과 같이 말할 수 있다. "신이 존재한다는 것을, 그리고 이 세계에서의 나의 존재는 자연의 인과 관계에만 지배받는 것이 아니라 순수 예지 세계에 속할 수도 있다는 것을, 끝으로 나의 현존은 끝이 없다는 것을 나는 바란다.

나는 이런 생각을 고수하며 이 신념을 버리지 않는다. 왜냐하면 그렇게 해야 나는 온갖 궤변들에 넘어가지 않고 내가 정말 소중하다고 생각하는 것을 통해 나의 판단을 결정할 수 있고 실천해나갈 수 있기 때문이다."

여기서 당연히 등장할 반론에 주목해 보자. 반론의 핵심은 우리가 무엇인가를 요구한다고 해서 요구되는 그 대상의 실재성이 확보되는가 하는 것이다. 요구한다는 것을 기초로 그 요구의 대상이 실제로 존재한다고 생각하면 오류를 범한다는 주장은 일리가 있다. 예를 들어 실제로는 존재할 수 없는 환상적인 최고의 미인을 이상형으로 여기는 사람이 있다고 해보자. 그러한 미인을 원하므로 그 미인이 실제로 존재함이 틀림없다고 생각하면 당연히 오류에 빠진 것이다. 그런데 실천 이성의 요청에 대해서도 같은 방식으로 비판할 수 있을까? 단순히 욕망에서 비롯한 요구일 경우에는 이런 비판이 완전히 옳다. 욕망은 그 욕망을 가진 사람에게 욕망하는 대상이 실제로 존재해야 함을 요청할 수는 없다. 나아가 욕망으로는 모든 사람에게 타당한 요구를 확보할 수 없으므로 욕망의 내용은 주관적인 근거일 따름이다. 그러나 이성의 요구는 의지의 객관적 규정 근거, 곧 모든 이성적 존재자를 필연적으로 지배하는 도덕 법칙에서 발생하는 것이다. 그러므로 이런 요구는 도덕 법칙에 부합하는 조건을 전제하는 것을 선험적으로 정당화하며, 이 조건을 이성의 완벽한 실천적 사용과 떼려야 뗄 수 없는 것으로 만들어준다. 최선을 다해 최고선을 실현하는 것은 의무이다. 따라서 최고선의 실현을 위해 꼭 필요한 조건을 전제하는 것은 가능한 일이며, 세상의 모든 이성적 존재자에게는 불가피한 일이기도 하다. 이런 전제는 도덕 법칙과 마찬가지로 필연적이며, 또 도덕 법칙과의 관계에서만 타당하다.

불멸하는 영혼과 신은 이제 이론적 관점에서 존재하는 것이 아니라 실천적 관점에서 존립하는 것이다. 불멸하는 영혼과 신의 존재는 경험적 직관을 통하여서는 증명할 수 없지만 도덕 법칙이 현실에 있다는 사실에 의해 증명된다. 인간은 도덕 법칙에 복종하기 때문에, 이성은 인간에게 영혼의 불멸성과 신의 존재를 믿도록 요구한다. 그렇기에 요청은 실용적으로 유용한 허구나 가설에 불과한 것은 아니다. 불멸하는 영혼과 신은 현실적 대상이다. 다만 그것들은 경험적 세계의 대상이 아니라 도덕적 세계의 대상인 것이다.

최상선, 즉 덕의 필연적 전제로서의 영혼의 불멸성

앞서 말했듯이 최고선이 이루어지기 위해서는 우선 최상
선이 확보되어야 한다. 최상선은 덕을 확보함으로써 실현된다.
덕은 정언 명령의 형식으로 제시된 도덕 법칙을 순전히 도덕
적인 동기에 의해 의무에 대한 존경심에서 따를 때 성립한다.
이 세계에서 최고선을 실현하는 것은 도덕 법칙에 의해 규정
되는 의지가 반드시 이루어야 할 목표이다. 이때 우리의 마음
씨가 도덕 법칙과 완전히 부합되는 것이 덕이 성취된 상태이
고 이것은 최고선의 최상 조건이다. 그러나 유한한 자연적 존
재인 인간이 경험 세계 속에서 이러한 덕을 완벽하게 실현하
여 최상선에 이르는 것은 가능하지 않다. 의지가 도덕 법칙과
완전히 일치하게 되는 것은 감성 세계의 어떠한 이성적 존재
자도 그가 살아 있는 동안은 도달할 수 없는 신성한 상태이며
완전한 상태이다. 그런데도 이에 도달해야 하는 것이 실천의
영역에서는 필연적인 목표로 요구되기 때문에, 이 목표에 도달
하기 위해서는 무한한 전진이 필요하다. 그리고 이러한 실천적
전진을 우리 의지의 실재적 객관으로 받아들이는 것은 순수
실천 이성의 원리상 필연적인 일이다.

따라서 덕의 실현을 보증하기 위한 필연적 전제로 영혼 불

멸을 전제하지 않을 수 없다. 여기서 실천 이성의 요청이 등장한다. 그러나 이런 무한한 전진은 한 이성적 존재자의 실존과 인격성이 무한히 지속하는 것을 전제해야 가능하다. 이것이 바로 보통 영혼의 불멸성이라고 부르는 것이다. 그러므로 최고선은 실천적으로는 영혼의 불멸성을 전제하고서만 가능하고 의미 있다. 결국 영혼의 불멸성은 도덕 법칙과 떼려야 뗄 수 없는 것으로 순수 실천 이성의 하나의 요청이다. 이렇게 해서 도덕 법칙은 감성적 동기에 전혀 영향받지 않으면서, 순전히 순수 이성에 의해 지정되는 실천적 과제, 곧 최고선의 첫째 요소이며 가장 고귀한 부분인 윤리성의 필연적 완성이라는 실천적 과제에 이르렀고, 이때 이 과제는 오로지 영원에서만 해결될 수 있으므로, 영혼의 불멸성이라는 요청에 이르게 된다.

이렇게 영혼 불멸을 전제하고 무한한 전진 중에서만 윤리 법칙과 완전히 부합하는 덕을 실현할 수 있다는 생각은 종교에 대해서도 중요한 의미를 갖는다. 이런 생각이 전제되지 않으면 도덕 법칙은 의미 없는 것이 되어 그 신성함은 위엄을 잃는다. 그렇게 되면 도덕 법칙을 우리에게 편안한 형태로 마음대로 바꾸어 제시하는 종교가 등장하거나, 아니면 역으로 신과의 만남을 통해 당장 도덕성의 완성을 확보하려는 접신적 몽상에 빠진 종교가 등장한다. 즉 종교가 아주 실용주의적이고 세속적으로 되거나 아니면 광신적이고 신비주의적으로 될 수 있다. 그런데 이 두 가지 행태에 의해서는 엄밀하고 엄격한, 그러면서도 관념적이지 않고 참된 이성 명령을 정확하고 일관되게 준수하려는 부단한 노력이 방해받을 뿐이다. 이성적이되 유한한 존재자는 더 낮은 단계로부터 더 높은 단계의 도덕적 완전성으로 무한히 전진해가는 일만이 가능할 뿐이다. 그래서 그는 도덕적으로 더 좋은 것으로 진보해가는 전진을 현생을 넘어서까지 더 멀리 끊임없이 계속할 것을 희망할 수 있다. 이것은 결코 이승에서나 가까운 미래의 어느 시점에서가 아니라 오로지 그가 무한히 지속되는 가운데에서만 가능할 것이기 때문이다.

최고선의 필연적 전제로서의 신의 현존

최고선의 첫째 요소인 최상선의 전제로서 영혼의 불멸성을 확보하고 나면, 바로 최고선의 둘째 요소, 곧 윤리성에 부합하는 행복의 가능성을 고려하게 되고, 착하게 살면 반드시 행복해진다는 결과를 낳게 해줄 어떤 원인이 전제되어야 한다는 점을 확인하게 된다. 그래서 최고선이 가능하기 위해 꼭 필요한 조건으로 신의 존재를 요청할 수밖에 없다.

여기서 행복이란 이성적 존재자가 삶 전체에서 모든 것을 자기 소망과 의지대로 하는 상태를 말한다. 그러므로 행복은 자연이 자신의 모든 목적에 맞을 때, 또 자연이 자신의 의지에 맞을 때 성립한다. 그런데 앞서 보았듯이 행복과 윤리성 사이에는 필연적 관계가 성립하지는 않는다. 도덕 법칙은 자유의 법칙이므로 자연이 우리의 욕망에 맞는지에 상관없이 명령한다. 그러나 이 세계 안에서 행위하는 이성적 존재자는 한편으로 자연의 질서에 지배받지 않을 수 없다. 그러므로 세계에 일부로서 속하고 따라서 자연의 지배를 받는 존재자의 행복이 윤리성에 비례하거나, 최소한 둘 사이에 필연적 연관이 가능하다는 근거는 어디에도 없다. 세계에 속해 있는 이 존재자는 그래서 자기 의지로는 이 연관을 만들어낼 수 없고, 행복과 관련하여 자신의 힘으로 자연을 항상 실천 원칙에 맞도록 만들 수 없다.

그러나 최고선이 실현되기 위해서는 윤리성, 곧 덕과 행복 사이에 필연적 연관 관계를 요구하지 않을 수 없다. 그러므로 또한 이 연관의 근거로서, 행복과 윤리성이 정확하게 맞아떨어질 수 있는 근거를 포함할, 자연과는 구별되는 원인이 존재해야 함을 요청하게 된다. 따라서 신의 현존이 요청될 수밖에 없다. 도덕적 마음씨의 원인이 되면서도 자연의 최상 원인인 어떤 존재가 전제되는 한, 이 세계에서 최고선은 가능하다. 최고선을 추구하는 것이 우리의 의무이기 때문에, 이 최고선을 가능하게 하는 조건을 전제하는 것은 필연적이다. 도덕적으로 살면 합당한 행복을 누리게 되는 것이 최고선이라 할 때, 이를 보증해주는 신이 현존한다는 조건 아래서만 최고선은 가능하므로 신의 현존을 받아들이는 것이 도덕적으로 필연적이다. 이렇게 신의 현존을 요청으로 받아들이는 자신의 실천 철학을 칸트는 순수한 이성 신앙이라고 부르기도 한다.

순수한 실천적 이성 신앙

칸트가 요청으로 도입한 신의 개념은 중세 형이상학이 존재 증명을 위해 노력했던 형이상학적 대상이 아니라 실천적 맥락에서만 의미가 있는 도덕적 대상이다. 그래서 누군가가 신이라는 개념이 물리학에, 그리고 일반적 의미에서 이 물리학의 선험적 순수 원리를 제시하는 형이상학에 속하는 개념이냐, 아니면 도덕에 속하는 개념이냐고 묻는다면 칸트는 단호하게 도덕에 속하는 개념이라고 답할 것이다. 즉 신은 이론적 차원에서는 존재 여부를 증명할 수 있는 존재가 아니고, 단지 실천적으로 그 실존이 요청되는 존재이다. 형이상학에 기초하여 이 세계에 대한 인식에서부터 신의 개념에, 그리고 확실한 추리를 통해 신의 실존 증명에 이르기는 불가능한 일이다. 이런 논의 과정에서 신의 개념은 언제나 최초의 존재자가 가진 완전성이라는, 정확하게 규정되지 않은 개념에 머물게 된다.

결국 신의 개념에 적절히 접근하는 것은 실천적 맥락에서만 가능하다. 신의 실존을 개념으로부터만 인식하는 것은 절대 불가능하다. 왜냐하면 칸트에 따르면 어떤 존재자에 대해서 실존한다고 말하는 명제는 모두 종합 명제이다. 다시 말해 내가 그 주어 개념을 넘어서 나아가 그 개념 안에서 생각할 수 있는 것 이상을 말하는 명제이다. 곧, 지성 안에 있는 이 개념에다 지성 밖에 있는 한 대상을 대응시키는 명제이다. 그런데 이런 명제를 개념으로부터 추리를 통해 이끌어내는 것은 불가능하다. 그러므로 이성에게는 단 하나의 방법만이 남는다. 곧, 순수 이성의 실천적 사용에서 출발하는 것이다. 이때 순수 이성의 불가피한 과제, 곧 의지가 필연적으로 최고선을 지향해야 하므로 이 최고선의 가능성과 관련해서 그러한 근원적인 존재자를 받아들여야만 하는 필연성이 드러나게 된다.

그러므로 신의 개념에 대하여는 다음과 같이 결론 내릴 수 있다. 실천 이성의 목표인 최고선은 오직 가장 완전한 세계 창조자를 전제해야만 가능하다. 이 창조자는 가능한 모든 경우에서 그리고 가능한 모든 미래에서 나의 마음씨의 가장 깊은 내면에 이르기까지 인식할 수 있어야 하므로 전지하지 않을 수 없고, 그에 맞는 결과를 베풀어주기 위해서는 전능하지 않을 수 없고, 영원하지 않을 수 없다. 결국 도덕 법칙은 순수 실천 이성의 대상인 최고선 개념을 통해 최고 존재자로서 근원적 존재자인 신의 개념을 규정한다. 물리학이나 더 높이 전개된 형이상학적인 접근, 즉 이론적 접근으로는 이에 이를 수 없다. 그러므로 신의 개념은 근원적으로 물리학에, 다시 말해 이론 이성에 속하는 개념이 아니라, 도덕에 속하는 개념이다.

신을 도덕적 대상으로 놓음으로써 칸트의 도덕 철학은 종교로 나아갈 수밖에 없다. 이렇게 해서 도덕 법칙은 순수 실천 이성의 객관이자 궁극 목적인 최고선의 개념을 통해 종교에, 다시 말해 모든 의무를 신의 명령들로 인식하는 데에 이르게 되기 때문이다. 도덕 법칙을 통해 우리는 의무를 남의 의지가 나에게 간섭하는 것으로 보지 않고 각자의 자유로운 의지 스스로가 가진 본질적 법칙으로 인식하는 데에 이르게 된다. 그런데도 이 법칙은 동시에 최고 존재자의 명령으로 보아야 한다. 왜냐하면, 우리는 오직 도덕적으로 완전한 동시에 전능한 의지에 의해서만 최고선을 희망할 수 있고, 이 의지에 일치함으로써만 최고선에 이르는 것을 기대할 수 있기 때문이다. 여기에서 모든 것은 개인적 욕망이 아닌 오직 의무에만 기초해야 한다. 벌에 대한 공포나 상에 대한 기대가 동기로 작용해서는 안 된다. 이런 것이 작용하면 행위의 도덕적 가치가 모두 파괴될 것이다. 도덕 법칙은 최고선을 나의 행위의 궁극적 대상으로 삼기를 명령한다. 나는 내 의지를 성스럽고 선량한 세계 창조자의 의지에 일치시킴으로써만 이 최고선의 실현을 기대할 수 있다. 최대의 행복이, 피조물에게 가능한 최대한의 윤리적 완전성과 가장 정확한 비례로 결합할 때 최고선이 실현되며, 이때 나의 행복이 분명 포함되어 있지만, 최고선을 추구하라고 지시하는 의지의 규정 근거는 행복이 아니라 도덕 법칙이다. 그러므로 도덕은 본래 어떻게 자신을 행복하게 만드는가에 관한 논의가 아니라 어떻게 행복을 누릴 만한 자격을 갖추어야 하는가에 대한 논의이다. 종교가 도덕에 더해질 때에만, 우리가 행복을 누릴 만한 자격을 갖추기 위해 노력하고 마음 쓴 정도만큼 언젠가 행복을 나눠 갖게 될 것이라는 희망도 나타날 것이다.

이제 칸트가 내릴 수 있는 결론은 결코 도덕을 행복론으로, 다시 말해 행복을 나눠 갖는 지침으로 취급해서는 안 된다는 것이다. 왜냐하면 도덕이 행복의 이성적 조건이고 필수적인 조건과 상관이 있기는 하지만, 행복의 획득 수단과 상관 있는 것은 아니기 때문이다. 그러나 순전히 의무만을 요구하고 이기적 소망의 충족 방법은 전혀 제공하지 않는 도덕이 완벽하게 제시된다면, 그때는 이전에 어떤 이기적 마음도 떠올릴 수 없었던 소망을 비로소 각성할 것이다. 그것은 최고선을 촉진하고 신의 나라를 우리에게 이끌어 오고자 하는, 법칙에 기초한 도덕적 소망이다. 그리고 이를 위해 종교로 향한 발걸음을 내디디고 나면 비로소 이 윤리설을 또한 행복론이라 부를 수 있다. 왜냐하면, 행복에 대한 희망은 오로지 종교와 더불어, 즉 신을 전제로 해서만 시작될 수 있기 때문이다.

이 종교는 바로 순수한 실천적 이성 신앙이다. 최고선을 추구하는 것, 그리고 그 가능성의 전제를 받아들이는 것은 우리의 선택에 맡겨져 있다. 그런데 이 선택에서 순수 실천 이성의 자유로운 관심은 현명한 세계 창조자를 받아들인다. 그러므로 여기서 우리 판단을 규정하는 원리는 주관적이기는 하지만 동시에 객관적으로 실천의 차원에서 최고선을 추구하기 위한 수단으로 도덕적 의무를 받아들이는 순수한 실천적 이성 신앙이다. 이 순수한 실천적 이성 신앙은 명령되는 것이 아니라 자유 의지에 의한 것으로서, 신의 실존을 받아들이고 그것을 이성 사용의 기초에 두도록 하는 도덕적 마음씨에서 저절로 발생한 것이다. 그러므로 이성 신앙과 관련해서 건전한 사람도 가끔은 동요할 수는 있지만 절대로 무신앙에 빠질 수는 없다고 칸트는 생각한다.

3장

철학의 이정표

윤리형이상학 정초

『윤리형이상학 정초』
임마누엘 칸트, 백종현 옮김, 아카넷, 2005

『실천이성비판』보다 3년 먼저인 1785년에 나온 이 책은 『실천이성비판』과 내용이나 소재가 매우 닮아 있어서 떼어서 읽을 수 없는 책으로, 『실천이성비판』과 함께 읽으면 대조도 되고 이해도 더 잘 될 수 있는 책이다. 윤리학 혹은 도덕 철학에 대한 칸트의 관심은 3비판서를 쓰는 시기 이전으로 거슬러 올라갈 수 있지만, 도덕 철학에 관한 최초의 본격적인 저술은 『윤리형이상학 정초』라고 할 수 있다.

인간의 실천적 행위와 관련된 윤리학이 선험적 학문으로 성립하려면 형이상학이어야 한다는 것이 칸트의 생각이다. 따라서 이론 철학이 순수 사유를 탐구하듯이 윤리형이상학은 순수 의지의 이념과 원리를 탐구한다. 그리고 이러한 윤리형이상학의 토대를 놓는 작업으로서 『윤리형이상학 정초』의 목표는 모든 도덕성의 최상 원리를 찾아내어 이를 확정하는 것이다. 인간의 이론 이성이 자연 법칙의 입법자였다면 이제 실천 이성을 가진 우리는 동시에 도덕 법칙을 부여하는 자발적인 존재로 해명된다.

이를 위해 이 책은 보통 사람의 윤리 인식에서도 볼 수 있는 '선의지'에서 출발하여 정언 명령만이 도덕 법칙일 수 있으며, 그러한 도덕 법칙의 세계가 '목적의 나라'임을 밝혀, '윤리 형이상학'에 이르는 길을 연다. 그리고 다시금 도덕 법칙을 가능하게 하는 원천, 곧 자유에 대해 묻고, 정언 명령의 가능 근거를 되짚어 물음으로써 윤리형이상학을 위한 정초 작업을 수행한다. 칸트의 이러한 기획은 『실천이성비판』에서는 도덕법의 가능성을 통해 자유의 가능성을 모색하는 새로운 방식으로 완성된다. 그러나 논의 방식의 차이점에도 불구하고 도덕성의 최상 원리를 탐색하고 확립함으로써 윤리형이상학에 이르는 길을 닦는다는 점에서 두 책은 같은 과제를 수행하고 있고, 인간 이성의 능력을 신뢰한 근대의 정신이 칸트의 이러한 윤리 사상을 통해 정점에 이르고 있다.

두 번째 이정표

『칸트의 역사철학』
임마누엘 칸트, 이한구 편역, 서광사, 2009

이 책은 칸트가 쓴 글 중에 역사철학과 관련된 글을 모아 놓은 책이다. 총 7편의 글 중에 4편은 『실천이성비판』을 발표하던 시기 바로 전후에 발표한 것으로, 『실천이성비판』에서 논의했던 개인의 윤리성이 단순히 개인의 삶에서만 중요한 것이 아니라 사회적·역사적 의미가 있음을 알 수 있게 해준다. 이중 특히 중요한 글은 『순수이성비판』과 『실천이성비판』 사이의 시기인 1784년에 발표한 「계몽이란 무엇인가에 대한 답변」과 「세계시민적 관점에서 본 보편사의 이념들」이다.

먼저 「계몽이란 무엇인가에 대한 답변」에서 칸트는 이성적 주체를 강조하는 계몽주의의 완성자로서의 모습을 잘 보여준다. 자신의 이성을 스스로 사용할 수 있는 자율성을 가진 존재가 되는 게 바로 계몽되는 것이며, 그럴 때 인간은 진정 존엄한 존재가 될 수 있다고 본다. 그리고 이러한 개인의 자율성은 이론 이성을 사용할 때도 발휘되지만 무엇보다도 도덕의 영역에서 자유를 기초로 자신의 의지에 따라서 도덕 법칙을 지키며 살 때 극대화되기 때문에『실천이성비판』에서 제시한 도덕성은 결국 계몽된 인간의 본질적 내용을 규정하고 있는 것으로 해석할 수 있다.

다음으로「세계시민적 관점에서 본 보편사의 이념」은『실천이성비판』에서 논의한 도덕성의 실현이 역사 발전의 궁극 목적임을 선언하고 있다. 18세기의 계몽주의자 중에는 행복의 증진을 진보의 기준으로 본 사람이 많다. 그러나 칸트는 국내에서 시민사회가 건설되고 국제적으로 세계시민적 상태에 도달하는 역사의 진보가 가능하기 위해서는 욕망을 효율적으로 충족시키고 서로의 갈등을 적절하게 조화시켜가는 정치적 진보만으로는 부족하고 도덕적으로 성숙해진 계몽된 인간이 주체가 되어 역사를 주도하는 도덕적 진보를 통해서 가능함을 함축적으로 서술하고 있다. 결국『실천이성비판』에서 논의한 개인의 도덕성은 단순히 개인의 문제만이 아니라 사회와 역사를 진정으로 진보시키기 위한 원동력임을 주장하고 있는 셈이다.

세 번째 이정표

『영구평화론: 하나의 철학적 기회』
임마누엘 칸트, 이한구 옮김, 서광사, 2008

1795년에 처음 발표하고 1796년에 보완된 이 책은 국제
정치 차원에서 전쟁을 극복하고 진정한 평화를 이룰 방법을
설명하는 정치철학을 담고 있지만, 『실천이성비판』과 관련해
서 보면 「세계시민적 관점에서 본 보편사의 이념」에서 함축적
으로 제시했던 도덕적 진보의 문제를 좀 더 본격적으로 해명
하는 책이다.

칸트에 따르면 진정한 평화를 실현하기 위해서는 정치적
진보가 성취되어야 한다. 이는 우선 한 국가 안에서 전쟁 상태
를 종식하고 시민사회를 성립함으로써 달성된다. 시민사회는
시민이 계약을 통해 법을 제정하고, 이 법을 유지할 권력에게
자신의 권리를 위임함으로써 성립한다. 그런데 국가 간에 전쟁
이 존재하면 국내의 시민사회도 와해할 수밖에 없다. 따라서

국제 사회에서 평화를 확보하기 위해서 국가 간의 계약을 통해 국제법을 제정해야 한다. 그러나 국제 사회에서는 이 법을 유지할 강력한 권력을 가진 국제 국가를 만들 수는 없으므로 국제연맹을 결성하는 데에 그칠 수밖에 없다. 국제연맹을 결성해서 유지한다면 진정한 평화를 위한 정치적 진보는 이루어진 셈이다.

그런데 문제가 남는다. 국제연맹은 국제법을 어기는 국가를 처벌할 힘이 없으므로, 자기 이익에 맞지 않을 때 강대국이 국제법을 어길 위험성이 상존한다. 따라서 진정한 평화를 위해서는 정치적 진보로는 부족하고, 국제법을 지키기로 약속했으므로 이를 의무로 여기고 무조건 지켜나가려는 도덕적 진보가 꼭 필요하다. 그래서 칸트는 『영구평화론』에서 "참된 정치는 먼저 도덕에 복종하기 전에는 한 걸음도 나갈 수 없다"라고 단언한다.

물론 이런 도덕적 진보는 바로 성취할 수 있는 게 아니고 정치적 진보를 토대로 이룰 수 있다. 혼돈과 무질서로부터 바로 전체적인 조화에 이르는 것은 불가능하며, 외적인 질서와 조화를 먼저 확보함으로써 전체적인 진보를 향한 기반을 마련할 수 있기 때문이다. 그래서 칸트는 "도덕성이 좋은 국가 체제를 수립해주는 것이 아니라 오히려 반대로 좋은 국가 체제에서 한 민족의 훌륭한 도덕적 교양을 기대할 수 있다"고 주장한다.

결국 외면적·정치적으로 국내와 국제 사회에서 이성적·합법적 사회 체제를 확립하고, 내면적·도덕적으로 그러한 사회 체제를 자발적으로 의무감에서 유지해나갈 때 영구평화를 이룰 수 있다는 것이 이 책의 주장이다. 이런 면에서 이 책은 『실천이성비판』에서 논의한 개인의 도덕성이 왜 영구평화를 이룰 필수 조건인지 밝힘으로써 도덕 철학의 사회철학적 의미를 제시하고 있다. 칸트의 결론은 다음 한 문장으로 정리된다. "무엇보다도 순수 실천 이성의 왕국과 그 정의를 추구하라. 그러면 너희는 저절로 목적(영구평화의 축복)에 도달하게 될 것이다."

네 번째 이정표

『인간이란 무엇인가』
백종현, 아카넷, 2018

이 책은 칸트의 3비판서의 핵심 내용을 비교적 평이하게
서술하여 칸트 철학의 전모에 접근할 수 있게 해주는 책이다.
저자가 머리말에서 잘 정리하고 있듯이 칸트는 자기 철학의
핵심 질문은 다음 셋이라고 정리했다.

1. 나는 무엇을 알 수 있는가?

2. 나는 무엇을 행해야만 하는가?

3. 나는 무엇을 희망해도 좋은가?

이 세 물음에 대한 답을 제시하기 위해 칸트는 3비판서를
썼고 이 세 물음은 순서대로 각각 『순수이성비판』, 『실천이성
비판』, 『판단력비판』에서 답하고 있다.

그러면서 칸트는 자기 철학의 궁극적 질문은 "인간이란 무
엇인가"인데 이 물음에 대한 답은 앞의 세 물음에 대한 답을

통해 찾을 수 있다고 했다. 3비판서 전체를 다루는 책의 제목이 "인간이란 무엇인가"인 이유는 바로 이런 칸트 본인의 문제의식에서 비롯한다.

각각의 비판서가 방대한 내용이며 논의도 난해한데 그 핵심 중의 핵심을 이렇게 간명하게 정리할 수 있었던 것은 저자가 칸트 철학의 최고 전문가이면서 동시에 칸트의 주저를 번역하는 방대한 작업을 직접 20년 이상 수행한 학자이기 때문에 가능했다. 특히 이 책은 저자가 '한국어 칸트 전집' 출간 15년 기념 강연에서 강의한 내용을 바탕으로 저술되다 보니 세세하고 전문적인 내용보다는 각 비판서의 핵심 주장이 충분히 이해 가능한 방식으로 전달되고 있다는 강점이 있다.

『순수이성비판』에 대해서는 칸트의 '코페르니쿠스적 전환'의 의의와 이 사고 변혁의 결실인 초월철학의 핵심 내용을 설명하고 있고, 『실천이성비판』에 대해서는 정언 명령으로서의 도덕 법칙의 의의와 그에 근거한 인간 존엄성에 대한 칸트의 주장을 잘 정리하고 있다. 『판단력비판』에 대해서는 미적 쾌감의 특성과 합목적적 사유의 전형인 칸트의 '최고선' 개념을 잘 해명하고 있다. 칸트에 대해 어느 정도 읽고 이해한 독자에게는 중간 정리용으로, 처음 접하는 독자에게는 첫걸음용으로 권할 수 있겠다.

『공리주의』
존 스튜어트 밀, 서병훈 옮김, 책세상, 2017

1863년에 발표된 이 책은 공리주의의 완성자라 할 수 있는 존 스튜어트 밀이 공리주의의 핵심 원리와 주요 내용을 일목요연하게 잘 정리한 책이다. 밀은 이 책에서 제러미 벤담이 도덕과 입법의 원리로 제시했던 '최대 다수의 최대 행복'이라는 공리주의의 원리를 계승하면서, 한편으로 이 원리에 대해 제기된 여러 반론을 차분하게 반박하고 다른 한편으로 이 원리를 더 구체화하며 정교하게 발전시키고 있다.

이 책의 머리말에서 밀은 모든 선험적 도덕 이론가를 비판한다고 명시적으로 선언한다. 이들은 현실에서 도덕 문제를 구체적으로 지각하기보다 추상적 도덕 이론을 제시하는 데에 그치고 있으며, 개인 행동의 도덕성은 법칙을 개별 사안에 적용함으로써 결정되는 문제라고 보는 오류를 범하고 있다는 것이다. 특히 밀은 칸트를 직접 거명하면서 비판한다. 칸트가 도덕적 의무의 기원과 근거가 되는 보편적 제1원리를 정언 명령으로 제시하고 있지만 실제적인 도덕적 의무를 구체적으로 도출할 수 없다는 것이 밀의 핵심 문제의식이다.

밀은 벤담이 확립한 최대 행복의 원리가 도덕 이론을 정립하는 데에 큰 역할을 하고 있으며 공리주의를 비판하는 사람에게까지 영향을 미치고 있다고 평가한다. 그러면서 벤담의 논의를 발전시켜 최대 행복의 원리를 도덕의 공인된 제1원리로 확립하고 도덕과 관련된 논의는 공리주의에 입각하여 전개해야 함을 밝히려고 했다. 이를 위해 우선 공리주의의 의미를 명확하게 밝히는 작업을 통해 공리주의에 대한 오해를 제거하고, 이를 바탕으로 공리주의에 대한 비판이 대부분 이런 오해에서 비롯된 것임을 밝히고자 한다. 그런 다음 효용 원리, 즉 최대 행복 원리의 근거를 밝히고 왜 공리주의가 정의 이론이 될 수 있는지를 해명한다.

우리는 이 책을 통해 칸트의 의무주의에 대립하는 공리주의의 핵심 원리와 쟁점을 쉽게 알 수 있으므로 비교를 통해 칸트 윤리학에 대한 이해도 더 분명히 하면서 현대 윤리학에서 대립적인 두 입장, 즉 의무주의와 공리주의의 논쟁점과 접근 방식의 차이를 잘 이해할 수 있을 것이다.

생애 연보

1724년 4월 22일 프로이센의 상업 도시 쾨니히스베르크(현재의
러시아 칼리닌그라드)의 마구(馬具) 기술자인 아버지 요한
게오르크 칸트(1682~1746)와 어머니 안나 레기나 칸트
(1697~1737)의 아홉 아이들 가운데 넷째로 태어나다. 그
는 에마누엘(Emanuel)이라는 세례명을 받다. 그러나 이
후 히브리어를 공부하고 나서 '임마누엘(Immanuel, 하느
님이 우리와 함께 계시다)'로 이름을 바꾸다.

1730년 1732년까지 교외 거주자 병원학교에 다니다.

1732년 프리드릭스 김나지움에 입학해서 어른이 될 때까지 다니
다. 가난했지만 영민한 칸트를 신학교 교수인 프란츠 알
베르트 슐츠(Franz Albert Schulz)가 지원하다.

1737년 칸트가 열세 살 되던 해 어머니가 일찍이 사망하다.

1740년 학급에서 2등으로 프리드릭스 김나지움을 졸업하다.
대학입학시험을 치르고 쾨니히스베르크대학에 입학
하다. 철학과 수학을 공부하면서 마르틴 크누첸(Martin
Knutzen) 교수에게 지도를 받다. 이후 자연과학에 관심을
갖고 아이작 뉴턴(Isaac Newton)의 물리학을 엄밀한 학의
모범으로 삼다.

1746년 「활력의 올바른 측정에 관한 사상들」이라는 졸업논문을
발표하다. 처음 발표하는 논문이었음에도 불구하고 매우
높은 평가를 받다. 같은 해, 부친 사망하다. 생계가 막막
했던 칸트는 학자금과 생계 유지를 위해 1753년경까지
지방 귀족 가문의 가정교사 생활을 하다.

1755년 「불에 관한 성찰의 간략한 서술(Meditationum quarundam
de igne succincta delineatio)」이라는 논문으로 박사학위를
받다. 같은 해 「형이상학적 인식의 제1원리들에 관한 새
로운 해명(Principiorum primorum cognitionis metaphysicae
nova dilucidatio)」이라는 논문으로 교수 자격을 취득하다.
이때부터 1796년까지 약 40여 년간 쾨니히스베르크대
학에서 강의를 하다. 1770년까지는 사강사로 강의를 했
는데 대학으로부터 정규 급여를 받지 않고 학생들의 강
의료만 받는 생활이어서 어려운 생활을 하다.

1756년 크누첸의 사망으로 공석이 된 논리학과 형이상학 원외교
수직에 응모했으나 실패하다.

1758년 다시 한번 철학과 교수직에 응시했으나 실패하다.

1766년 학생들의 수강료에만 의존했던 칸트는 왕립 궁정도서관
의 부사서로 일하게 되어 처음 일정한 급여를 받게 되다.

1770년 46세에 논리학과 형이상학의 정교수로서 쾨니히스베르
크 대학에 초빙되다. 논리학과 형이상학뿐만 아니라 수
학적 물리학, 인간학, 교육학, 자연신학, 도덕, 자연법 등
을 강의하다. 특히 쾨니히스베르크를 한 번도 떠나본 적
없는 그의 지리학 강의가 학생들 사이에서 인기를 끌다.

1770년   8월 21일 「감성 세계와 지성 세계의 형식과 그 원리들
        에 관하여(De mundi sensibilis atque intelligibilis forma et
        principiis)」를 통해 교수 취임 논문에 대한 공개 변론을
        하다.

1781년   57세에 자신의 주저인 『순수이성비판』을 세상에 내놓다.
        처음에는 독자들의 냉정한 혹평을 받다.

1783년   칸트는 『순수이성비판』에 대하여 세상 사람들이 오해하
        거나 이해하지 못한다고 생각하여 『순수이성비판』의 이
        해를 위한 입문서인 『형이상학 서론(Prolegomena zu einer
        jeden künftigen Metaphysik, die als Wissenschaft wird auftreten
        können)』을 출판하다. 점점 『순수이성비판』은 유명해지고
        추종자가 많이 생기게 되다.

1784년   『세계 시민적 관점에서 본 보편사의 이념(Idee zur all-
        gemeinen Geschichte in weltbürgerlicher Absicht)』과 『계몽이
        란 무엇인가에 대한 답변(Beantwortung der Frage: Was ist
        Aufklärung?)』을 저술하다. 이 두 작품은 대표적으로 칸트
        의 역사의식을 담은 저서이다.

1785년   『윤리형이상학 정초』를 출판하다.

1786년   『자연과학의 형이상학적 기초(Metaphysische Anfangsgründe
        der Naturwissenschaft)』를 출판하다.

1787년   『순수이성비판』의 많은 부분을 수정하여 재판으로 출판
        하다.

1788년   『실천이성비판』을 출판하다. 『순수이성비판』에서 해결하
        지 못한 도덕법칙의 세계를 설명하다.

1790년 『판단력비판』을 출판하다. 『순수이성비판』의 자연세계, 『실천이성비판』의 자유의 세계를 이어줄 판단력을 설명하고 칸트 고유의 미학을 펼치다.

1793년 『이성의 한계 내에서의 종교(*Die Religion innerhalb der Grenzen der bloßen Vernunft*)』를 출판하면서 어려움에 빠지다. 계몽된 법치주의를 지향하던 프리드리히 2세와는 달리 그의 후계자였던 프리드리히 빌헬름 2세가 1788년 '종교칙령'을 통해 관용적이던 프로이센의 종교 정책을 끝냈기 때문이다.

1795년 이미 70세가 넘은 나이임에도 불구하고 『영구평화론(*Zum ewigen Frieden*)』을 발표하다.

1796년 여름학기를 마지막으로 대학에서의 강의는 마치다.

1796년 『윤리형이상학(*Metaphysik der Sitten*)』을 발표하다.

1798년 프리드리히 빌헬름 2세가 사망하자 『학부 간의 논쟁(*Streit der Fakultäten*)』에서 그때까지의 침묵을 깨고 다시 종교철학적 입장을 밝히다.

1804년 2월 12일 새벽 4시. 그의 나이 80세. 평생 독신으로 살았고 커피와 담배를 즐기고 사교 모임을 좋아했던 칸트는 한때 자신의 수강생이었다가 노년의 생활을 돌보아주었던 바지안스키에게 물에 탄 포도주 한 잔을 청해 마시고는 "좋다(Es ist Gut)"라는 한마디를 남기고 세상을 떠나다. 평생을 살아온 쾨니히스베르크의 대학 묘지에 묻히다.

참고 문헌

임마누엘 칸트, 『순수이성비판』, 백종현 옮김, 아카넷, 2006.

임마누엘 칸트, 『실천이성비판』, 백종현 옮김, 아카넷, 2002.

임마누엘 칸트, 『윤리형이상학 정초』, 백종현 옮김, 아카넷, 2005.

임마누엘 칸트, 『영구평화론: 하나의 철학적 기획』, 이한구 옮김, 서광
사, 2008.

임마누엘 칸트, 『칸트의 역사철학』, 이한구 편역, 서광사, 2009.

임마누엘 칸트, 『별이 총총한 하늘 아래 약동하는 자유: 칸트와 함께 인
간을 읽는다』, 손동현 편역, 이학사, 2002.

아리스토텔레스, 『니코마코스 윤리학』, 강상진 외 옮김, 길, 2011.

존 스튜어트 밀, 『공리주의』, 서병훈 옮김, 책세상, 2017.

르네 데카르트, 『데카르트 연구: 방법서설·성찰』, 최명관 옮김, 창,
2010.

백종현, 『인간이란 무엇인가: 칸트의 3대 비판서 특강』, 아카넷, 2018.

최인숙, 『칸트』, 살림, 2005.

만프레드 가이어, 『칸트평전』, 김광명 옮김, 미다스북스, 2004.

오트프리트 회페, 『임마누엘 칸트』, 이상헌 옮김, 문예출판사, 1997.

카를 포르랜더, 『칸트의 생애와 사상』, 서정욱 옮김, 서광사, 2001.

EBS 오늘 읽는 클래식

칸트의 실천이성비판

1판 1쇄 발행 2023년 12월 30일
1판 2쇄 발행 2024년 12월 10일

지은이 박정하

펴낸이 김유열
디지털학교교육본부장 유규오 | 출판국장 이상호
교재기획부장 박혜숙 | 교재기획부 장효순
북매니저 윤정아, 이민애, 정지현, 경영선

책임편집 장윤호 | 디자인 정계수 | 일러스트 최광렬 | 인쇄 재능인쇄

펴낸곳 한국교육방송공사(EBS)
출판신고 2001년 1월 8일 제2017-000193호
주소 경기도 고양시 일산동구 한류월드로 281
대표전화 1588-1580 | 홈페이지 www.ebs.co.kr
이메일 ebsbooks@ebs.co.kr

ISBN 978-89-547-8269-2 04100
    978-89-547-6188-8 (세트)

ⓒ 2023, 박정하